SIEBENBÜRGEN

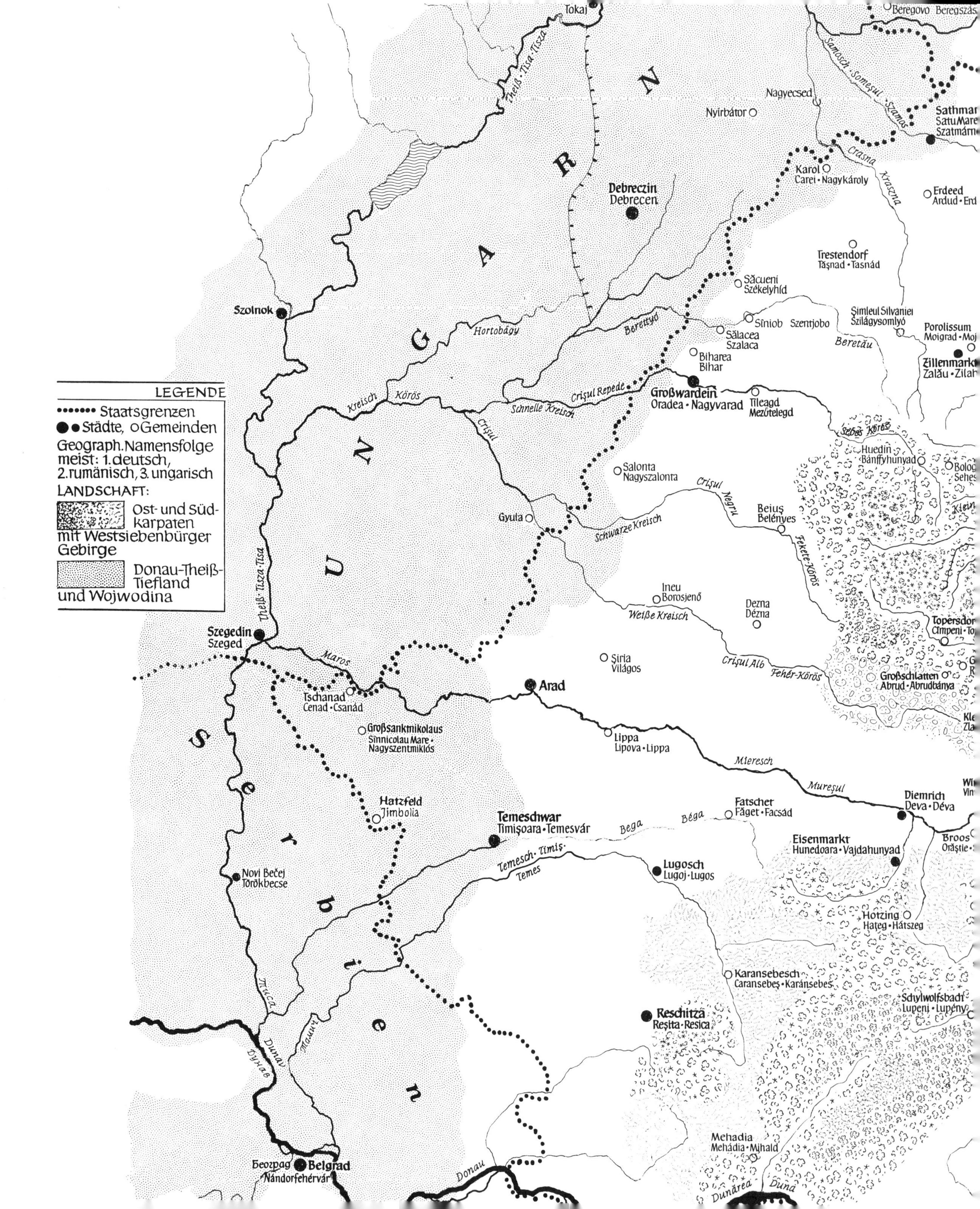

LEGENDE
Staatsgrenzen
Städte, Gemeinden
Geograph. Namensfolge meist: 1. deutsch, 2. rumänisch, 3. ungarisch
LANDSCHAFT:
Ost- und Süd-karpaten mit Westsiebenbürger Gebirge
Donau-Theiß-Tiefland und Wojwodina
U N G A R N
S e r b i e n
Tokaj
Beregovo Beregszász
Samosch · Someşul · Szamos
Nagyecsed
Nyírbátor
Sathmar
Satu Mare
Szatmárn
Theiß · Tisa · Tisza
Karol
Carei · Nagykároly
Crasna
Krasna
Erdeed
Ardud · Erd
Debreczin
Debrecen
Trestendorf
Tăşnad · Tasnád
Săcueni
Székelyhíd
Szolnok
Şimleul Silvaniei
Szilágysomlyó
Sîniob
Szentjobo
Porolissum
Moigrad · Moj
Hortobágy
Berettyó
Sălacea
Szalaca
Beretău
Biharea
Bihar
Zillenmarkt
Zalău · Zilah
Crişul Repede
Großwardein
Oradea · Nagyvarad
Tileagd
Mezőtelegd
Kreisch
Körös
Schnelle Kreisch
Crişul
Sebes Körös
Huedin
Bánffyhunyad
Salonta
Nagyszalonta
Crişul Negru
Beiuş
Belényes
Gyula
Schwarze Kreisch
Fekete-Körös
Theiß · Tisza · Tisa
Ineu
Borosjenő
Dezna
Dézna
Weiße Kreisch
Topersdor
Cîmpeni · To
Szegedin
Szeged
Maros
Şiria
Világos
Crişul Alb
Fehér-Körös
Großschlatten
Abrud · Abrudbánya
Tschanad
Cenad · Csanád
Arad
Großsankmikolaus
Sînnicolau Mare · Nagyszentmiklós
Lippa
Lipova · Lippa
Mieresch
Mureşul
Hatzfeld
Jimbolia
Temeschwar
Timişoara · Temesvár
Bega
Béga
Fatschet
Făget · Facsád
Diemrich
Deva · Déva
Broos
Orăştie
Eisenmarkt
Hunedoara · Vajdahunyad
Temesch · Timiş
Temes
Lugosch
Lugoj · Lugos
Novi Bečej
Törökbecse
Hotzing
Haţeg · Hátszeg
Karansebesch
Caransebeş · Karánsebes
Schylwolfsbach
Lupeni · Lupény
Tisa
Reschitza
Reşita · Resica
Dunav
Дунав
Mehadia
Mehádia · Mihald
Београд
Belgrad
Nándorfehérvár
Donau
Dunărea
Duna

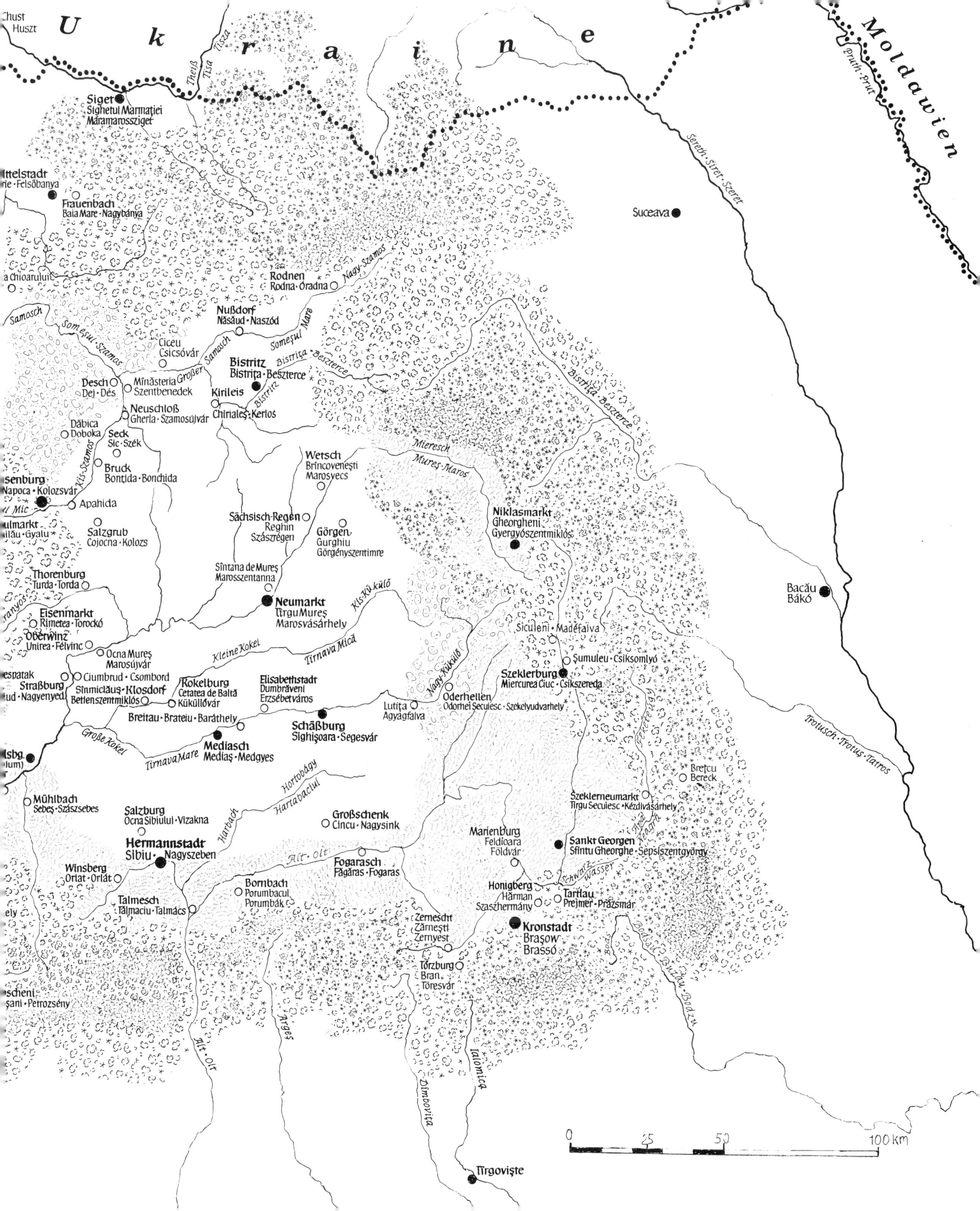

Chust
Huszt
U k r a i n e
Moldawien
Theiß
Tisa Tisza
Pruth · Prut
Siget
Sighetul Marmației
Máramarossziget
Sereth · Siret · Szeret
Suceava
Frauenbach
Baia Mare · Nagybánya
Felsőbánya
Nagy-Szamos
Rodnen
Rodna · Óradna
Samosch
Someșul · Szamos
Nußdorf
Năsăud · Naszód
Someșul Mare
Ciceu
Csicsóvár
Großer Samosch
Bistritz
Bistrița · Beszterce
Bistrița · Beszterce
Bistritz
Desch
Dej · Dés
Mînăsteria
Szentbenedek
Kirileis
Chiraleș · Kerlos
Neuschloß
Gherla · Szamosújvár
Dăbica
Doboka
Seck
Sic · Szék
Kis-Szamos
Bruck
Bonțida · Bonchida
Apahida
Mieresch
Mureș · Maros
Wetsch
Brîncovenești
Marosvécs
Niklasmarkt
Gheorgheni
Gyergyószentmiklós
Sächsisch-Regen
Reghin
Szászrégen
Görgen
Gurghiu
Görgényszentimre
Salzgrub
Cojocna · Kolozs
Thorenburg
Turda · Torda
Sîntana de Mureș
Marosszentanna
Neumarkt
Tîrgu Mureș
Marosvásárhely
Kis-Küküllő
Bacău
Bákó
Eisenmarkt
Rimetea · Torockó
Oberwinz
Unirea · Felvinc
Ocna Mureș
Marosújvár
Kleine Kokel
Tirnava Mică
Siculeni · Madéfalva
Șumuleu · Csiksomlyó
Szeklerburg
Miercurea Ciuc · Csíkszereda
Nagy-Küküllő
Straßburg
Ciumbrud · Csombord
Sînmiclăuș · Klosdorf
Betlenszentmiklós
Kokelburg
Cetatea de Baltă
Küküllővár
Elisabethstadt
Dumbrăveni
Erzsébetváros
Oderhellen
Odorhei Secuiesc · Székelyudvarhely
Lutița
Agyagfalva
Breitau · Brateiu · Baráthely
Schäßburg
Sighișoara · Segesvár
Große Kokel
Tirnava Mare
Mediasch
Mediaș · Medgyes
Trotusch · Trotuș · Tatros
Fekete-ügy
Brețcu
Bereck
Hortobágy
Hartabaciul
Harbach
Mühlbach
Sebeș · Szászsebes
Salzburg
Ocna Sibiului · Vízakna
Großschenk
Cincu · Nagysink
Szeklerneumarkt
Tîrgu Secuiesc · Kézdivásárhely
Apa Neagră
Marienburg
Feldioara
Földvár
Sankt Georgen
Sfîntu Gheorghe · Sepsiszentgyörgy
Hermannstadt
Sibiu · Nagyszeben
Alt · Olt
Fogarasch
Făgăraș · Fogaras
Schwarzwasser
Winsberg
Orlat · Orlát
Bornbach
Porumbacul
Porumbák
Honigberg
Hărman
Szászhermány
Tartlau
Prejmer · Prázsmár
Talmesch
Tălmaciu · Talmács
Zernescht
Zărnești
Zernyest
Kronstadt
Brașow
Brassó
Bodza
Buzău · Bodza
Törzburg
Bran
Törcsvár
Petrozsény
Alt · Olt
Argeș
Dîmbovița
Ialomița
Tîrgoviște
0 25 50 100 km

Tausend Jahre
europäische Kultur im Osten Europas

SIEBENBÜRGEN

Fotos von Wim
van der Kallen

Text von
Henrik Lungagnini

mit Beiträgen von
Tamás Hoffmann

unter Mitarbeit von
Carl Ingwer Johannsen

BECHTERMÜNZ VERLAG

Umschlag vorne: Szeklertor

Umschlag hinten: Siebenbürger Berglandschaft

Genehmigte Lizenzausgabe für
Bechtermünz Verlag im Weltbild Verlag GmbH,
Augsburg 1996,

Printed in Germany
ISBN 3-86047-308-5

Inhalt

Einführung

Siebenbürgen, Transsilvanien – sieben Berge, Burgen, das Land hinter den Wäldern – die Phantasie beginnt mit diesen Begriffen in märchenhafte, romantische Bereiche zu wandern. Und wenn der freundliche Reisende dann tatsächlich zum ersten Mal den Boden dieses ihm unbekannten und doch seltsam vertrauten Landes betritt, scheint alles Vorhergeträumte wahr zu sein.

Die archaisch anmutende Lebensart in ihrem geruhsamen Rhythmus, die von Pferden gezogenen Bauernwagen und Ochsengespanne, die riesigen Schafsherden mit ihren einsamen, in knöchellange Fellmäntel gehüllten Hirten – der Reisende findet alles wieder. Er sieht Bauernhöfe wie auf Dürers Stichen, wo das Kleinvieh noch frei herumläuft, ungeteerte Landwege und Häuser, an denen man schon lange aufgehört hat, etwas zu verändern. Oft wird das Wasser noch wie eh und jeh aus dem Brunnen geschöpft.

Ein lautstarkes Vehikel ist es dann vielleicht, das den Besucher des Landes auf jähe Weise zur anderen Seite der Realität befördert. Er ist erschrocken und entsetzt über die Häßlichkeit und den niedrigen Stand der modernen Zivilisation, über die qualmenden und übelriechenden Industrieanlagen, die schäbige Klapprigkeit alles Technischen, und ist erst wieder besänftigt und gänzlich hingerissen, wenn er die schönen alten Städte, die saubere Akkuratesse der deutschen Dörfer oder die jahrhundertealten Kirchburgen sieht. Siebenbürgen, Transsilvanien, das geheimnisvolle Land hinter den Wäldern, es ist es, und seine Gegensätze erträgt es. Es wird einem plötzlich bewußt, daß es ein uraltes, europäisches Kulturland ist, das man da betreten hat, mit Wurzeln, die weit in die Vergangenheit reichen, wo das Überkommene noch lebendig ist, wo aber die moderne industrielle Entwicklung schmerzlichere Spuren hinterläßt als anderswo. Für den Westeuropäer aber ist dieses Land beinahe eine »terra incognita«.

Heute versteht man unter dem Begriff Siebenbürgen oder Transsilvanien häufig nicht nur das alte Fürstentum, sondern rechnet auch die anderen, 1918 von Ungarn abgetrennten Gebiete, darunter die sogenannten Partes und auch Teile des Banats dazu, eine Gesamtfläche von 102 000 qkm.

Das historische Siebenbürgen umfaßt ein Gebiet von etwa 58 000 qkm und liegt östlich der Großen Ungarischen Tiefebene, jenseits des Bihargebirges mit dem Siebenbürger Erzgebirge, eingebettet in den weiten Bogen der Karpaten. So umschlossen ist es eine kleine Welt für sich, eine geographische Einheit. Nach Osten und Süden gewähren nur wenige und beschwerliche Pässe Durchlaß durch das rauhe Gebirge. Im Landesinneren finden sich fruchtbare Ebenen, im Süden das Burzenland, im Osten und Südosten das Szeklerland und im Norden der Nösner Gau und Kalotaszeg.

Die Erde birgt reiche Naturschätze. Deshalb wurde in früheren Zeiten dem Landesnamen oft das Beiwort »das schatzreiche« hinzugefügt. Gold, Eisen, Salz und neuerdings auch Erdgas sind in erheblichen Mengen zu finden.

Sonnenbeschienene Hochplateaus, alpine Bergketten, wilde, steile Felsen mit tief zerklüfteten Schluchten, rauschende Wasserfälle, romantische, unwegsame Täler, einsame Burgen, versteckte, gottverlassene Dörflein und stolze, befestigte Städte mit ihren weit sichtbaren Kirchtürmen machen diese Landschaft so vielseitig und interessant. Bis auf einen, den Alt, fließen alle Flüsse nach Westen, so wie sich hier früher alles nach Westen ausgerichtet hat. Die kleineren Wasserläufe, meist nur durch wacklige Holzbrücken überquerbar, und die vielen kleinen, sich schlängelnden Bäche verwandeln sich im Frühjahr zu reißenden Strömen. Ein ungewöhnlich reicher Wildbestand ist noch immer vorhanden. In den oft unwegsamen Wäldern und Bergen leben Luchse, Bären, Steinadler und Geier. Auch die Flora besitzt hier eine für Europa einmalige Artenvielfalt.

Die schönsten Beschreibungen dieser Landschaft und ihrer Bewohner, besonders der Märchenwelt des Siebenbürger Erzgebirges, stammen von dem ungarischen Schriftsteller Maurus Jókai.

Es ist ein von Zauber umwobenes Land, dessen Seele und einzigartige Atmosphäre sich nur dem öffnet, der bereit ist, sich mit der bewegten Geschichte des Landes auseinanderzusetzen. Sie zeigt ein düsteres Antlitz, den immerwiederkehrenden Kampf um das nackte Leben, gegen die brandschatzenden und mordenden Horden der Mongolen und Türken, gegen Pest und Cholera, gegen Hungersnöte und die Urgewalten der Natur. Unendlich schwerer war hier immer das Leben als im Westen Europas, die Auseinandersetzungen härter, die Kriege grausamer. Das Dasein war hier immer gefährlich. Trotz allem entwickelten und entfalteten sich gesellschaftliches Leben, Wirtschaft und Kultur dank zähen Lebenswillens und Fleißes der Menschen, so daß hier zeitweise Reichtum und Glanz zu Hause waren.

Tausend Jahre lang wirkte hier europäisches Geistesleben. Romantik, Gotik, Renaissance und Barock blühten in Siebenbürgen ebenso wie in den westlichen Ländern. Die großen Geistesströmungen des Abendlandes, Christentum, Humanismus und Reformation, fanden willige Aufnahme. Das Land brachte große Persönlichkeiten hervor, Politiker, hochgebildete Fürsten, geniale Dichter, Wissenschaftler und Künstler.

Die Gestaltungskräfte mehrerer Nationen wirkten unbewußt gemeinsam. Es kam bei dem Aufeinandertreffen der verschiedenen kulturellen und künstlerischen Einflüsse zwar zu einer gewissen Vermischung, doch zu keinem Verschwinden der nationalen Unterschiede.

Das Deutschtum war Träger und auch wichtigster Vermittler der abendländischen Lebensart, Gesittung und Kultur. Willfährige Empfänger waren aber nur die Ungarn, die allerdings auch zu anderen Ländern wie Holland, Frankreich und vor allem Italien kulturelle Beziehungen herstellten, von dort Anregungen bezogen und Künstler, Baumeister, Geistliche, Schriftsteller und Handwerker aus diesen Ländern holten.

In umgekehrter Richtung akklimatisierte sich auch die im 12. Jh. angesiedelte deutsche Bevölkerung und blieb von der ungarischen Adels- und Volkskultur des Landes nicht ganz unberührt. Dabei blieben Sachsen und Ungarn der westlichen Kultursphäre verpflichtet, während die rumänische Bevölkerung durch ihr Glaubensbekenntnis zu der griechisch-orthodoxen Religion mit dem östlichen Kulturkreis in Verbindung stand. Volkskunst und Brauchtum besaßen ein besonderes Gewicht, weil sich in ihnen die jeweilige kulturelle Identität bzw. Nationalität manifestierte. Noch heute ist die ethnische Zugehörigkeit, zumindest in den ländlichen Bereichen, nicht nur in der Siedlungsstruktur, der Architektur und dem Wohnstil, sondern auch an der Kleidung der Menschen, an ihren farbenprächtigen Trachten erkennbar.

Wenn man heute durch das Land fährt, stellt sich die Frage, was eigentlich von dem alten Siebenbürgen geblieben ist.

Der Mensch, besonders in den dörflichen Gegenden, ist noch immer mit der Natur eins und lebt auch noch heute mit ihr in einer im Westen unbekannten urtümlichen Verbundenheit. Der Siebenbürgener, Sachse oder Ungar, ist mit einer geradezu schmerzlichen Liebe und mystischen Leidenschaftlichkeit mit seiner Heimat verbunden. Von Kindheit an wird er geprägt von dem eigentümlichen sozialen Milieu, der Geschichte, dem Brauchtum, den düsteren Balladen und der reichen Sagenwelt seines Volkes. So lebt er z. T. noch immer in einer Gefühlswelt, die an das 19. Jahrhundert erinnert. Sie stößt heute aber vielerorts auf eine Atmosphäre gewaltsamer Industrialisierung. Die in der neueren Zeit aus dem Boden gestampften Industriegebiete verschandeln die Natur und schlagen in sie grausame Wunden. Diese sind im wesentlichen in den letzten Jahren durch die Ceauşescu-Diktatur, eine eigenartige Mischung von Faschismus und Kommunismus, sowohl in der Landschaft als auch in den Städten verursacht worden. Der Diktator vermochte aber nicht, das ganze Land zu verwüsten. Einige Gebiete zeigen allerdings ein verheerendes Bild, wie z. B. Klein-Kopisch und sind Musterbeispiele einer eingeplanten Zerstörung der Umwelt. Die ganze Gegend ist von schwarzem Ruß bedeckt. Man muß sich wundern, daß in solch einer Umgebung überhaupt noch menschliches Leben möglich ist.

Weiterhin war Ceauşescu auf dem besten Wege, auch die Kultur des Landes zu vernichten. Dazu gehörte der groß angelegte, mit allen bürokratischen Einzelheiten ausgearbeitete Plan der Dorfzerstörung, die sogenannte »Systematisierung der Landwirtschaft«. Sie sah vor, jahrhundertealte Dörfer mit ihren Kirchen und Friedhöfen, Kleinodien des Brauchtums und der Volksarchitektur, vom Erdboden verschwinden zu lassen. Diese Aktion betraf fast ausschließlich die Minderheiten und sollte die ursprüngliche, nicht rumänische Kultur des Landes auslöschen. Hier hat die Abkehr von den sittlichen, kulturellen und humanistischen Werten einen Höhepunkt erreicht. Die Ceauşescu-Diktatur war eines der grausamsten und barbarischsten Regime der neueren Geschichte. Es ist hinlänglich bekannt, daß es der Bevölkerung Armut und Hunger brachte, daß es tausende politische Gegner quälte, folterte und umbrachte, während der Diktator verschwenderischen orientalischen Luxus entfaltete. Das Regime förderte die niedrigsten Instinkte der Menschen und richtete unermeßlichen seelischen Schaden nicht nur bei seinen Gegnern, sondern auch bei seinen Anhängern an.

Drei Volksgruppen bewohnen Siebenbürgen: Ungarn, Sachsen und Rumänen, die sich in verschiedenen Zeiten angesiedelt hatten. Nach den zeitgemäßen sittlichen Normen in der Welt ist es vom Gesichtspunkt des Lebensrechtes unerheblich, welches Volk zuerst anwesend war. Sie lebten nebeneinander, miteinander, einmal in Freundschaft, einmal in Feindschaft.

Es konnte bis zum ersten Weltkrieg jede Nation trotz mancher Widrigkeiten ihre Eigenart, die eigene Sprache, die Volkskunst, das Brauchtum und die Kultur, mit einem Wort die eigene Identität, bewahren. Nach der Volkszählung von 1910 betrug die Zahl der Bevölkerung in Siebenbürgen 5 257 467 – und zwar 2 839 45 (53,8%) Rumänen, 1 661 803 (31,6%) Ungarn und 564 789 (10%) Deutsche sowie 3,9% sonstige Nationalitäten.

Nach der Abtrennung Siebenbürgens von Ungarn im Jahre 1918 veränderte sich in manchen Regionen das westeuropäisch geprägte Bild des Landes. An vielen Stellen wurden seitdem fremdwirkende bombastische byzantinisch-orthodoxe Kirchen gebaut, auch wenn in ihrer Umgebung nur wenige orthodoxe Gläubige wohnten. Sie sind zum Wahrzeichen und Symbol des Nationalismus geworden. Nirgendwo in Osteuropa verband sich die griechisch-orthodoxe Kirche mit den kommunistischen Machthabern so eng wie in Rumänien. Eine traurige, unchristliche Rolle spielten einige Mitglieder des orthodoxen Klerus bei der chauvinistischen Hetze gegen die Minderheiten, und standen bekanntlich im Dienste der »Securitate«. Geistliche und Priester der anderen christlichen Kirchen leisteten häufig passiven aber auch offenen Widerstand. Manche mußten ein Martyrium erleiden.

Die Geschichte Siebenbürgens

Wie die überall im Lande zu Tage geförderten Fundstücke, wie Waffen, Geräte des Alltagslebens und Schmuckgegenstände beweisen, war das Gebiet Siebenbürgens bereits im Altertum besiedelt. Im 3. Jh. v. Chr. waren es die Daker und Geten, die hier ihr Reich hatten. Im Jahre 107 n. Chr. besiegte Trajan den Dakischen Herrscher Decebalus. Nach seiner vernichtenden Niederlage wurde das Gebiet Siebenbürgens als eine neue Provinz in das römische Weltreich eingegliedert. Die Ureinwohner wurden aufgerieben und vertrieben. Das Land wurde kultiviert, es wurden Straßen und Wehranlagen gebaut, der Handel belebte sich, die Bodenschätze des Landes brachten schon damals Reichtum.

Die römische Herrschaft dauerte rund 170 Jahre. 275 n. Chr. sah sich Kaiser Aurelian genötigt, wegen der Einbrüche der Westgoten die Grenzen des römischen Reiches an die Donau zurückzuverlegen. Der römische Geschichtsschreiber Eutropius berichtet über die Aussiedlung der Bevölkerung nach Moesien (südlich der Donau). Das Land war also bereits in der Antike als Kulturland erschlossen, doch blieb die römische Kultur nicht so tief verankert, als daß sie von den nachfolgenden Völkern hätte übernommen werden können. Die römische Kultur ist heute, ebenso wie in Pannonien, dem jetzigen Westungarn, nur eine Domäne der Archäologie. In Siebenbürgen hat sich keine Spur von einer lateinisch sprechenden Bevölkerung erhalten. Nach den Römern drangen in den nun folgenden Jahrhunderten verschiedene Völker und Stämme in das Land ein, Westgoten, Gepiden, Hunnen, Langobarden, Awaren und Slawen. Sie alle vertrieben ihre jeweiligen Vorgänger, herrschten und lebten hier eine gewisse Zeit und mußten wieder weichen. So ging es, bis das Land 896 in die Hände der Ungarn kam.

Landnahme der Ungarn

Die Landnahme durch die Ungarn Ende des 9. Jhs. brachte eine wichtige Wende in der Geschichte Siebenbürgens. Die Ungarn, aus dem Kama-Gebiet zwischen Wolga und Ural kommend, von wo sie selbst verdrängt worden waren, nahmen dieses Land, das dazumal eine Randprovinz des Bulgarischen Reiches war, in Besitz und wichen fortan nicht mehr aus ihm, bis zum heutigen Tage. Sie kamen aus zwei Richtungen hereingezogen: Von Osten her durch die Bergschlucht von Dreistuhl (Háromszék) und von Nordwesten durch die Täler der Flüsse Samosch und Almás. Dieser von Nordwesten vordringende Stamm der Ungarn war der eigentliche Eroberer Siebenbürgens. Die Heere des Widerstand leistenden bulgarischen Fürsten wurden bald niedergekämpft. Die ansässigen slawischen Splittergruppen gingen in der ungarischen Bevölkerung auf.

Die Ungarn nahmen außer Siebenbürgen auch die Ungarische Tiefebene und Pannonien in Besitz. Sie unternahmen in der Folgezeit weite kriegerische Raubzüge nach Westeuropa, im Norden bis Dänemark, im Westen bis Frankreich und im Süden bis nach Spanien und in das südliche Italien (Neapel). Die Niederlage am Lechfeld 955 durch Otto d. Großen brachte sie schließlich zur Besinnung.

Christianisierung und Gründung des Königreiches

Die Ungarn erkannten die Notwendigkeit einer Umstellung auf den westlichen Kulturkreis, wurden seßhaft und gründeten den ungarischen Feudalstaat.

Wichtigste Voraussetzung hierfür war die Annahme des christlichen Glaubens. Bereits Großfürst Géza (972–997) hatte Missionare ins Land gerufen, sein Sohn, Stephan d. Hl. (1000–1038), christianisierte es dann, wofür er vom Papst Krone und Titel eines apostolischen Königs bekam. Die bayerische Prinzessin Gisela wurde seine Gemahlin und brachte in ihrem Gefolge Ritter, Bauern und Handwerker mit. Nach Nordsiebenbürgen wurden außerdem aus dem mitteldeutschen Raum Bergleute geholt, um sie im Silberbergbau bei Rodna einzusetzen.

Siebenbürgen war der Teil des ungarischen Reiches, der besonders von feindlichen Überfällen bedroht war. So kam es hier im Osten zu einer Grenzsicherung ganz besonderer Art. Um das häufige Eindringen von Feinden zu verhindern, wurde ein Schutzgürtel, »Gyepü,« angelegt. Er bestand aus Gräben, Zäunen, von Unterholz überwucherten Baumbarrikaden, künstlichen Versumpfungen und undurchdringlichen Waldgebieten. Er markierte jedoch keinen festen Grenzverlauf. Auf seinem Vorland konnte gesiedelt werden und wenn es günstig schien, wurde er vorverlegt, »vorgeworfen«, so daß die äußeren Siedlungen nun innen lagen. Sie blieben für immer im vererbbaren Besitz der Siedler. Das übrige Land um sie herum und nun auch innerhalb der Grenzbefestigungen liegend, gehörte dem König, stand ihm zur freien Verfügung, es war Königsboden (fundus regius). Heute versteht man unter Königsboden das Gebiet zwischen Alt und Kokel.

So wurde die Grenzzone immer weiter hinausgeschoben, bis sie an ihr natürliches Hindernis, die Karpaten, stieß und zur Grenze des Reiches befestigt wurde.

Die Bewachung des Grenzgebietes oblag anfangs den Szeklern, einem ungarischen Stamm, der später in das westliche Vorland der Ostkarpaten zog, wo er noch heute ansässig ist.

Deutsche Siedler

In der Mitte des 12. Jhs. rief König Géza II. deutsche Siedler ins Land, um die Grenzen zu sichern – »ad retinendam coronam«, zum Schutz der Krone. Sie kamen zum größten Teil aus Franken, Flandern und Luxemburg, und wurden in kaum bevölkerten Landstrichen angesiedelt, auf dem menschenleeren Hochland zwischen den Flüssen Alt und Kokel (Hermannstädter Gau), im Norden in der Bistritzer Gegend (Nösner Gau) und im Radnaer Gebirge.

Diese »Saxones«, wie sie genannt wurden, brachten eine starke Oberschicht mit, die »Gräfen«, die z.T. dem niederen Adel angehörte und welche die Organisation der Ansiedlung sowie die Verteidigung übernahm. Auch die Rechtspflege lag in ihren Händen. Die Neuansiedler durften ihr eigenes Recht behalten, ihre Richter und Pfarrer frei wählen und waren allein dem König unterstellt. Außerdem genossen sie Zoll- und Handelsfreiheit in ganz Ungarn. Die Gründe dafür, daß die Deutschen dem Ruf des ungarischen Königs folgten, lagen in den Strukturveränderungen, die sich in Deutschland in jener Zeit abspielten, und die Lebensverhältnisse der bäuerlichen Schichten, des mittleren Adels und der städtischen Bevölkerung verschlechterten. In den neuen Siedlungsgebieten schienen ihre Lebensbedingungen gesichert.

Die bäuerlichen Siedler bekamen alle gleichgroße Hofstellen und Ackerflächen. Wald, Weide und Wasser wurden gemeinsam genutzt. Um mehr Sicherheit vor äußeren Gefährdungen zu haben und um gute Verteidigungsmöglichkeiten zu schaffen, legte man die Hofstellen entlang der Straße dicht zusammen, was außerdem den sozialen Zusammenhalt förderte. Nachbarschaftliche Hilfeleistungen und nachbarschaftliches Zusammenstehen wurden tragender Bestandteil der dörflichen Gemeinschaft. Die Neuankömmlinge, die gute, fortschrittliche Kenntnisse im Ackerbau (Dreifelderwirtschaft) und in der Viehzucht mitbrachten, gründeten etwa 300 Dörfer. Ihr wichtigster Gewinn war es, als freie Bauern leben zu können und nicht der Adelsherrschaft unterworfen zu sein.

Zur Durchführung von Schutzmaßnahmen und der Verwaltung, wozu auch das Eintreiben von Steuern gehörte, schlossen sich bald nach der Ansiedlung benachbarte Gemeinden zusammen. Eine übergeordnete Verwaltung und ein verbrieftes Recht gab es in der Anfangszeit noch nicht.

Der goldene Freibrief

Das wichtigste Dokument, das die rechtliche Situation der deutschen Siedler in Siebenbürgen regelte, war der von König Andreas II. 1224 erlassene »Goldene Freibrief« (Andreanum). Er schrieb das ihnen bis dahin zugesagte Recht fest und sicherte ihre Selbstbestimmung als freie Volksgruppe. Als ihr Verwaltungs- und Rechtsbezirk entstand der Hermannstädter Stuhl, an dessen Spitze der vom König eingesetzte und nur ihm unterstellte Königsrichter, später Sachsengraf genannt, stand. Zunächst bezog sich das Andreanum nur auf den Königsboden zwischen Broos und Draas, wurde aber später auch auf andere Gebiete ausgeweitet. Ab 1464 wurde der Königsrichter frei gewählt.

Eine große Erleichterung für die Sachsen war es, daß sie nicht, wie die Ungarn und Szekler, zu einem persönlichen Kriegsdienst verpflichtet waren. Im Andreanum wurden sie lediglich zum Stellen von 500 Soldaten aus den Reihen der Gräfen verpflichtet. Sie mußten weiterhin eine Bodensteuer (terragium) entrichten, durften diese jedoch durch eigene Beamte eintreiben lassen, wodurch Härten und Streitigkeiten mit der Obrigkeit vermieden werden konnten.

Auch im kirchlichen Bereich wurde der Eigenständigkeit der Sachsen Rechnung getragen. Es war ihnen gestattet, ihre Gemeinden in der Hermannstädter Propstei zusammenzufassen. Diese war nicht dem siebenbürgischen Bischof von Weißenburg unterstellt, sondern unmittelbar dem Erzbischof von Gran (Esztergom), dem Primas von Ungarn.

Mit den Bauern waren auch gute Handwerker aus allen Bereichen gekommen, und die städtisch-bürgerliche Kultur begann sich ebenfalls zu entwickeln. Die meisten Städte Siebenbürgens wurden zwischen 1146 und 1300 gegründet.

Der Deutsche Ritterorden in Siebenbürgen

Im Jahre 1211, noch vor dem Goldenen Freibrief, hatte König Andreas II., der übrigens auch der Vater der Heiligen Elisabeth von Thüringen war, den südöstlichen Zipfel Siebenbürgens, das Burzenland, dem Deutschen Ritterorden verliehen.

Dieser Teil des Landes mit den wichtigen Karpatenpässen war nur sehr schwach besiedelt, und die Überfälle der Kumanen häuften sich wieder. So beschloß der König, die heidnischen Kumanen von Ordensrittern bekämpfen und christianisieren zu lassen. Eine Bedingung stellte er: Sie durften keine steinernen Burgen bauen. Diese Einschränkung allerdings hätte die Erfüllung des Auftrages unmöglich gemacht – also hielten sich die Ritter nicht an sie. Sie bauten Burgen, die Marienburg, die Kreuzburg, die Schwarzburg u. a., und rückwirkend wurde ihnen die Erlaubnis hierzu auch erteilt.

Der Ritterorden ging mit unglaublichem Eifer ans Werk und leistete eine hervorragende Kulturarbeit. Er schuf nicht nur in den Karpaten mit fünf Burgen einen Verteidigungsgürtel, sondern gründete auch Dörfer und Städte und zog deutsche Bauern und Handwerker hinein.

Leider dauerte dieses überaus erfolgreiche Wirken nur 14 Jahre. Der König schöpfte den nicht unbegründeten Verdacht, der Orden wolle das Burzenland von der ungarischen Krone ablösen und als Ordensstaat dem Papst unterstellen. Er entschloß sich zu einer radikalen Lösung und vertrieb die Ritter 1225 gewaltsam aus dem Land. Die von ihnen mitgebrachten Siedler aber durften bleiben und erhielten die gleichen Rechte wie die schon vor ihnen gekommenen.

Der Mongolensturm

Die größte Katastrophe, die den jungen ungarischen Staat traf, war der 1241 hereinbrechende Mongolensturm, der auch weite Teile Siebenbürgens verwüstete. Das königliche Heer war im Sajó-Tal geschlagen worden, und die tatarischen Horden besetzten ganz Ostungarn bis zur Donau. Sie verursachten ungeheuerliche Verwüstungen und zogen raubend und mordend durch das Land. Die einzige Rettung für die Bevölkerung war, sich in den Wäldern oder unwegsamen Bergen zu verstecken. Der Mongolensturm führte dazu, daß große Gebiete des Landes entvölkert wurden, zumal auch tausende von Menschen als Sklaven verschleppt wurden. Kanonikus Meister Rogerius beschreibt als Augenzeuge die schrecklichen Blutbäder und Brandstiftungen. Im Mieresch-Tal begegnete er bei seiner Wanderung keinem einzigen Menschen, nur die Ruinen der Kirchen zeugten von ehemals blühenden, jetzt ausgelöschten Siedlungen. Dem schrecklichen Ansturm der Mongolen folgten Pest und Hungersnot. Der Mongolensturm führte auch zu einer gewissen ethnischen Veränderung der Bevölkerungsstruktur. Wichtigste Folge war, daß die Rumänen in großer Zahl in den verlassenen Gebieten angesiedelt wurden.

Die Rumänen

Die Volksgruppe der Walachen, die sich später Rumänen nannte und die heute die Mehrheit auf siebenbürgischem Boden bildet, ist, wie sich an Hand von Dokumenten nachweisen läßt, als letzte ins Land gekommen. Die erste urkundliche Erwähnung der Rumänen stammt aus dem Jahre 1222. Wir wissen auch, daß im Mittelalter die Zahl der rumänischen Ansiedlungen äußerst gering war. Bis 1300 werden in Urkunden 1 000 ungarische und sächsische Ortschaften erwähnt und nur 6 rumänische. Die Rumänen lebten zu dieser Zeit noch als nicht seßhafte, umherschweifende Hirten, im Sommer in den Bergen, im Winter in den Tälern. Das Kerngebiet ihres Lebensraumes war auch nicht Siebenbürgen, sondern lag zwischen den Flüssen Drina und Morava im heutigen Jugoslawien. Wenn man sich nicht auf Mythen, Hypothesen und unbewiesene Theorien verlassen will, sondern auf urkundlich festgelegte Daten, dann ist es wohl so, daß der rumänische Volksstamm ganz allmählich in Siebenbürgen einsikkerte und Fuß faßte.

Im 18. Jh., als das rumänische Nationalbewußtsein aufkeimte und das Rumänentum seine Anerkennung als gleichberechtigte Nation forderte, entstand die sogenannte »dakoromanische Theorie«, nach der die Rumänen die Nachkommen zurückgebliebener Restgruppen der dakoromanischen Bevölkerung sind. Rumänische Historiker behaupten, daß in Siebenbürgen seit dem Dakerreich bis in unsere Zeit bezüglich der Bevölkerung eine Kontiniutät bestünde, jedoch fehlt dieser Theorie jegliche wissenschaftliche Grundlage. Sie ist daher als Ausdruck nationaler Selbstbehauptung zu verstehen. Nach der Aussiedlung der Römer wird in keiner der zahlreichen historischen Quellen darüber gesprochen, daß hier noch weiterhin Reste der römischen Bevölkerung existierten. Erst 1000 Jahre später finden Rumänen in diesem Raum Erwähnung und zwar im südlichen Siebenbürgen. In einigen Urkunden der päpstlichen Kanzlei wird im 13. Jh. die »terra Blaccorum« erwähnt, die hinter Fogarasch und Broos, einem Gebiet am Südrand Siebenbürgens, lag. Der ungarische, namentlich nicht bekannte Chronist Anonymus, der in seinem Werk, dem »Gesta Hungarorum«, die Landnahme der Ungarn beschreibt, erwähnt unter den besiegten Völkern auch die »Blasii« (Walachen). Rumänische Historiker berufen sich gern auf ihn, obwohl er die Walachen herabsetzend »uiliores homines essent tocius mundi« (allerletzte Nation der ganzen Welt) nennt. Jedoch ist eindeutig nachzuweisen, daß eine Reihe seiner Angaben falsch oder ganz seiner Phantasie entsprungen sind. Anonymus hat die ethnischen Verhältnisse seiner eigenen Zeit, Anfang des 13. Jhs., auf eine 300 Jahre früher liegende Zeit projeziert. Walachen gehörten nicht zu den unterworfenen Völkern bei der Landnahme, da sie noch nicht da waren. Gegen eine Anwesenheit der rumänischen Bevölkerung in Siebenbürgen im 9. und 10. Jh. spricht auch, daß in der rumänischen Sprache ein Einfluß der nach den Römern hier herrschenden germanischen Völker, Goten und Gepiden, nicht nachzuweisen ist.

Es soll nicht auf alle Aspekte dieser Auseinandersetzungen eingegangen werden, nur soviel, daß alle rumänischen Flußnamen aus dem Ungarischen, Slawischen oder Deutschen übernommen wurden. Selbst solche, die antike Namen hatten, wie Samosch, Mieresch und Alt, wurden nicht vom Lateinischen abgeleitet. Das gleiche gilt im wesentlichen für die Ortsnamen. Es ist bezeichnend, daß selbst der rumänische Name von Siebenbürgen »Ardeal« vom ungarischen »Erdély« abstammt.

Zu beobachten ist auch, daß rumänische Familien häufig in der unmittelbaren bergigen Umgebung von Burgen gesiedelt haben, die meist für die Landwirtschaft ungeeignet und dadurch auch für die Besiedlung von ungarischen und deutschen Bauern uninteressant war. Andererseits bot die Landschaft um die Burgen herum für die Hirtenwirtschaft noch geeignete Wiesen, deshalb ließen die Könige die aus Bulgarien und Serbien nach Norden ziehenden Hirten ins Land. So siedelten rumänische Hirten im Süden um Diemrich, Hunyad, Törzburg (Bran) und um die Burgen in den westlichen Gebirgen. Eigentlich seßhaft aber waren sie nicht. Die Hirten brauchten im Mittelalter keine Steuern wie die übrigen Einwöhner Siebenbürgens zu zahlen, sondern waren nur verpflichtet, bei einem Besitz von 50 Schafen eines abzugeben. Die Rumänen waren damals, wie die Sachsen, auch nicht zum persönlichen Wehrdienst verpflichtet, sondern nur ihre führende Schicht »die Knesen«, die eine ähnliche Stellung wie die Adeligen einnahmen und später im ungarischen Adel aufgingen. Übrigens standen damals noch die rumänischen Länder, die Walachei und die Moldau, unter der Lehnsherrschaft der ungarischen Könige.

Wiederaufbau nach dem Mongolensturm

Nach dem Abzug der Mongolen gelang es König Béla IV. (1235–1270), Ungarn wieder zu konsolidieren. Der Wiederaufbau wurde mit großer Energie vorangetrieben. Der König war bemüht, aus der Katastrophe eine Lehre zu ziehen, und man begann mit großem Eifer, Wehrbauten zu errichten. Vor allem die Kirchen und ihre unmittelbare Umgebung wurden mit hohen wehrhaften Mauern, Zinnen, Basteien und Türmen umgeben. Die ersten Kirchburgen entstanden. Die Erkenntnis, daß es besser sei, das Dorf aufzugeben und nur in einem kleinen Bereich das Leben der Menschen zu beschützen, gewann Geltung. Auch in dieser Zeit wurden die Verluste durch weitere Siedler ersetzt. In Hunyad, Bihar, Bistritz, Máramaros entstanden damals auch die ersten ständigen rumänischen Dörfer, in denen die Lebensgrundlage der Bevölkerung mehr die Schafzucht, als die Landwirtschaft war.

Am Ende des 13. Jhs. brachen wieder unsichere Zeiten an, die von Feudalanarchie und Bürgerkrieg geprägt waren. Ein besonderes Beispiel für diese inneren Zwistigkeiten in der frühen sächsischen Geschichte war ein Konflikt mit dem Bischof von Weißenburg. Der Bischof, Petrus von Siebenbürgen, der zugleich ein Bruder des Woiwoden (Stellvertreter des Königs) war, ließ den Erbgräfen Allard von Salzburg bei Hermannstadt ermorden. Bei dem Streit ging es um die für die Kirche zu zahlende Abgabe, um den »Zehnten«, den die Sachsen nicht entrichten wollten. Als Rache für den ermordeten Allard von Salzburg zündeten die Sachsen die vollbesetzte Weißenburger Kathedrale an, raubten die Schätze der Kirche und verwüsteten das bischöfliche Archiv. Außerdem rotteten sie die Hälfte der Bevölkerung aus.

Es war eine Zeit, in der die zentrale königliche Macht und dadurch die allgemeine Sicherheit geschwächt war. Nach dem Aussterben der Árpáden (ungarisches Königsgeschlecht) bewarben sich zwei weitläufig mit dem ungarischen Königshaus verschwägerte Anwärter um den Thron, Otto von Bayern und Karl Robert aus dem Hause Anjou, der auch die Unterstützung des Papstes genoß. Der Woiwode von Siebenbürgen, László, versprach Otto von Bayern seine Unterstützung und die Hand seiner Tochter. Jedoch täuschte er ihn argerweise, nahm ihn samt der Krone gefangen und half dem Gegenkandidaten Karl Robert auf den Thron (1301–1342).

Friedliche Jahre folgten, die königliche Macht konnte sich wieder konsolidieren. Bergbau und Hüttenwesen (Goldgewinnung) wurden ausgebaut und es entstanden solide wirtschaftliche Verhältnisse. Der ungarische Gulden wurde eine der stärksten Währungen Europas. Der zweite aus dem Hause Anjou stammende König, Karl Roberts Sohn, Ludwig d. Große (1342–1382), war ein gerechter und kluger Herrscher, in der Kriegsführung außerordentlich tüchtig und erfolgreich. Unter ihm erreichte Ungarn seine größte Ausdehnung und stieg zur bedeutendsten Macht des Ostens auf. Es umfaßte die Donauländer, Bosnien, Moldau, Bulgarien und Polen. Die Grenzen reichten vom Baltischen bis zum Schwarzen Meer.

Für die ungarische und sächsische Bevölkerung Siebenbürgens war die Regierungszeit Ludwig d. Großen eine Epoche des Wachsens und der prächtigen Blüte. Der König förderte in Siebenbürgen das städtische Leben, den Handel, das Gewerbe und das Zunftwesen. Wie aufstrebend diese Zeiten waren, zeigt, daß es um 1376 in Hermannstadt 19 Zünfte und 25 Gewerbe gab, während im Mutterland die Stadt Augsburg nur 16 Zünfte hatte. Dieser hohe Stand des Wirtschaftslebens bedeutete zugleich Wohlstand und Reichtum. G. D. Teutsch schreibt, »das Jahrhundert der Anjou war der Sachsen schönster Zeitraum«. Die höchste Prosperität erreichten in Siebenbürgen die Städte Hermannstadt, Kronstadt und Bistritz. Auch in dieser Zeit kamen viele rumänische Einwanderer ins Land.

Ein deutscher Kaiser ist König von Ungarn

Ludwigs Tochter Maria heiratete den Luxemburger Sigismund (1387–1437), Markgraf von Brandenburg und Sohn Kaiser Karls IV. Sigismund mußte bereits den Kampf gegen die Türken aufnehmen, deren Angriffe in den nächsten Jahrhunderten die ungarisch-siebenbürgische Geschichte gravierend beeinflussen sollten. Bei Nikopolis erlitt das königliche Heer eine vernichtende Niederlage, was ein weiterer Anlaß dazu war, die Einrichtung von Wehrbauten intensiv voranzutreiben. Sigismund, der 1411 auch deutscher Kaiser wurde, regierte sechs Monate lang von Kronstadt aus Ungarn und das Heilige Römische Reich Deutscher Nation. In Großwardein, Westsiebenbürgen, wurde er begraben. Im Jahr 1437 brach ein Bauernaufstand aus, zu dessen Unterdrückung sich die drei an der Verwaltung Siebenbürgens teilnehmenden Stände oder Nationen – Ungarn (Adel), Szekler und Sachsen – zu einem Schutz- und Trutzbündnis, der sogenannten brüderlichen »Union von Kápolna«, zusammenschlossen. Diese Einigkeit war auch wegen der weiterhin zunehmenden Einbrüche der Türken dringend geboten. Diese »unio trium nationum« war jedoch nicht nur ein Verteidigungsbündnis, sondern eine Interessengemeinschaft, welche die rechtliche Ordnung des Zusammenlebens und das Wirken der autonomen Verwaltungsbezirke, Adelskomitate, Universitas Sicolorum (Szekler) und Universitas Saxorum (Sachsen) regelte. Die Rumänen waren in dieser Vereinigung nicht vertreten, da sie sich noch nicht als ein Stand (Nation) organisiert hatten. Nur die Adligen und freien Bürger gehörten zu den »Nationen«. Deshalb waren auch die sächsischen und ungarischen Leibeigenen nicht einbezogen. So blieben die rumänischen Volksmassen größtenteils Leibeigene der ungarischen Grundherren, ohne politische Repräsentanz. Dieser ungerechte Zustand war eine Folge des Feudalismus. So blieb die einzige kulturelle Institution des Rumänentums die griechisch-orthodoxe Kirche, deren Sprache aber nicht rumänisch, sondern altslawisch war.

Ein Jahr später, 1438, erfolgte ein großer türkischer Feldzug, der von Sultan Murad II. persönlich geführt wurde. Im selben Jahr mußte auch Hermannstadt einen türkisch-walachischen Angriff unter dem Woiwoden Vlad Dracul abwehren und der Belagerung standhalten.

Für die Menschen in Siebenbürgen gab es, um das Leben zu bewahren, nur den Weg des Kampfes, wie das Beispiel Mühlbach gezeigt hatte. Obwohl sich die Stadt ergeben hatte, wurde sie zerstört und ihre Bevölkerung getötet oder verschleppt.

Nach Sigismund herrschte für kurze Zeit Albrecht, der erste Habsburger (und Schwiegersohn Sigismunds) auf dem ungarischen Thron. Ihm folgte der polnische König Wladislaus I. (1440–1444), der schon in jungen Jahren sein Leben verlor, in der Schlacht bei Varna, gegen die Türken.

Der Habsburger Albrecht hinterließ einen nach seinem Tode geborenen Sohn, Ladislaus V., während dessen Minderjährigkeit der angesehene und tüchtige, aus Siebenbürgen stammende Heerführer, János Hunyadi, vom Adel zum Reichsverweser Ungarns ernannt wurde. Zugleich wurde Hunyadi auch zum Woiwoden von Siebenbürgen berufen. János Hunyadi war der gefeierte Held der Nation und galt als einer der tapfersten Verteidiger des europäischen Christentums gegen das osmanische Reich. Er führte mehrere Feldzüge gegen die Türken, die er zunächst verlor, 1444 bei Varna und 1448 auf dem Amselfeld (Kosovopolje). Den großen Sieg errang Hunyadi 1456 bei Belgrad, wo er den Sultan Mohamed II. vernichtend schlug. Für diese Schlacht hatte er, klug und weitblickend, nicht nur Truppen aus dem zum Kriegsdienst verpflichteten Adel zusammengestellt, sondern machte sich auch den wieder aufflammenden Kampfeswillen der Kreuzfahrer zunutze und rief sie zum Schutze des Abendlandes gegen die Ungläubigen in sein Heer. Die Schlacht wurde gewonnen. Aus Freude über den Sieg erließ der Papst die Anordnung, überall in der christlichen Welt mittags um 12 Uhr die Kirchenglocken zu läuten, ein Brauch, der sich bis heute erhalten hat und in katholischen Gegenden zum festen Bestandteil des Tagesablaufes geworden ist. János Hunyadi starb wenige Wochen nach seinem großen Sieg an der Pest.

König Matthias Corvinus

Der junge, 17jährige König Ladislaus V. fürchtete die Macht und das Ansehen der Hunyadi-Familie und ließ den ältesten Sohn Hunyadis köpfen. Wie die Überlieferung berichtet, schlug der Scharfrichter dreimal zu, doch der Jüngling lebte noch immer und hätte nun Gnade verdient – der König aber gewährte ihm diese nicht, und der vierte Streich beendete sein Leben. Noch im selben Jahr starb Ladislaus an der Pest.

Nach dem Tode des Königs wurde Matthias Hunyadi, der jüngere Sohn von János Hunyadi, 1458 auf der Landesversammlung des mittleren Adels auf der vereisten Donau, zwischen Buda und Pest, zum König gewählt. Neben Ludwig d. Großen ist Matthias, nach dem Raben in seinem Wappen Corvinus genannt, eine der bedeutendsten Gestalten der ungarischen Geschichte. Er war ein hochgebildeter Herrscher, ein Renaissancemensch durch und durch, ein Mäzen der Wissenschaften und Künste. Matthias stärkte zunächst rigoros die Zentralgewalt des Staates und vernichtete konsequent seine rebellierenden Gegner, sowohl in den Reihen des ungarischen Adels als auch bei den Sachsen.

Schon immer, aber besonders zu Matthias Zeiten, besuchten viele Siebenbürger, vornehmlich Sachsen, westeuropäische Universitäten, darunter Paris, Padua, Bologna, Florenz, Siena, Wien, Prag. Auch bei der mittleren Bildungsschicht überwogen die Sachsen, städtische Schulen existierten bereits im 14. Jh. in Hermannstadt, Kronstadt und Bistritz. Das strenge Regiment Matthias' behagte aber nicht jedem. Um 1467 gab es eine Erhebung gegen Matthias, nach deren Niederschlagung der König mehrere sächsische Königsrichter köpfen ließ.

In der Regierungszeit von Matthias Corvinus blieben Ungarn und Siebenbürgen von bedeutenden türksichen Angriffen verschont. Die wichtigste Schlacht fand in Siebenbürgen auf der Brotwiese bei Broos (1479) statt, wo 30 000 Osmanen geschlagen wurden und die Truppen des Stephan Báthoris und vor allem des Grafen von Temeschvar, Paul Kinizsi, des »Türkenhelden«, einen großen Sieg errangen.

Georg Hecht, der Hermannstädter Bürgermeister und Sachsengraf, focht wenige Jahre danach noch einmal sehr erfolgreich gegen die Türken am Roten-Turm-Paß. Als Feldherr richtete Matthias sein Augenmerk deutlich nach Westen und war erfolgreich. Er machte sich zum böhmischen König; Mähren, Schlesien und Lausitz kamen in seinen Besitz, sogar Niederösterreich und Wien befanden sich unter seiner Herrschaft.

Nach dem Tode Matthias, des »Gerechten«, wie er in die Geschichte einging, glaubte der Adel, unter einem willfährigen König am besten zu leben. »Wir brauchen einen König, dessen Schopf wir in der Hand halten!« So formulierte es der Siebenbürger Woiwode Báthori, und so handelte man auch. Zum König wurde der schwache Wladislaus II. von Böhmen gewählt (1490–1516). Unter ihm und seinem Sohn Ludwig II. (1516–1526) sollten königliche Autorität und Macht weitgehend verlorengehen und eine Art von Feudalanarchie entstehen. Der Hochadel kannte in seinem Egoismus kaum Grenzen, beutete das Volk maßlos aus und war nur bestrebt, seine Macht und seinen Reichtum zu vergrößern.

Wladislaus II. richtete seine politische Konzeption nach dem Westen aus. Ein Ausdruck dieser Orientierung war die Doppelhochzeit seiner Kinder Ludwig und Anna mit den Geschwistern Ferdinand und Maria von Habsburg. Nach dem 1506 geschlossenen Ehevertrag sollten die Habsburger die ungarische Krone erben, falls Ludwig ohne Nachfolger stürbe. Mit diesem Ehevertrag ließ Wladislaus den Beschluß des mittleren Adels von 1505 außer acht, der es verbot, einen fremden Herrscher zum König zu wählen. Damit war ein weiterer Anlaß zum inneren Unfrieden und somit zur Schwächung der Zentralgewalt gegeben.

Die sächsischen Städte in Siebenbürgen aber, insbesondere Kronstadt, Hermannstadt und Bistritz, konnten sich trotz allem auch in dieser Zeit eines weiteren wirtschaftlichen Wohlstandes erfreuen. Sie hatten rege Handelsbeziehungen, nicht nur mit Westungarn, sondern auch jenseits der Karpaten mit der Walachei, der Moldau und in Richtung des Schwarzen Meeres. Im Westen erstreckte sich der Handel bis Venedig, Wien, Prag, Nürnberg, Köln, Danzig und Krakau. Auch das Handwerk, Goldschmiede, Waffenschmiede, Zinngießer etc., erreichte ein besonders hohes Niveau. Um 1500 gab es allein in Kronstadt 273 Kürschnermeister. Indessen wuchs die türkische Gefahr, die Europa bedrohte, immer mehr heran. In Siebenbürgen brachen die Türken zwischen 1420 und 1493 mit kleineren und größeren Heerscharen 15mal ein. Konstantinopel fiel 1453 und Belgrad 1521, die große Schlacht bei Mohács fand 1526 statt und drei Jahre später, 1529, stand das türksiche Heer zum ersten Mal vor Wien.

Nur einige Jahre vor dem großen türkischen Angriff bei Mohács organisierte Thomas Bakócz, ein steinreicher Kirchenfürst, der auch die Papstwürde erlangen wollte, einen Kreuzzug gegen das osmanische Reich. Die versammelten leibeigenen Volksmassen der christlichen Armee, die unterdrückten und ausgebeuteten Bauern, wendeten sich aber 1514 statt gegen die Türken gegen die eigenen Feudalherren. Ein Bauernkrieg brach los, der das ganze Land erfaßte. Nur mit Mühe gelang es dem adeligen Heer, den Aufstand niederzuschlagen. Der Führer des Aufstandes, der Szekler Georg Dózsa, wurde bei Temeschvár geschlagen und auf grausame Weise hingerichtet. Er mußte sich auf einen Thron aus glühendem Eisen setzen und auf den Kopf wurde ihm eine glühende Krone aus Eisen gesetzt, was er, laut Überlieferung, ohne einen Ton von sich zu geben, ertrug.

Die Schlacht von Mohács

Innere Machtkämpfe, Feudalanarchie, Bauernkrieg – als die Schwächung der königlichen Zentralgewalt, die Zersplitterung der Kräfte und die Uneinigkeit ihren Höhepunkt erreicht hatten, bahnte sich durch den groß angelegten Angriff der Türken für den ungarischen Staat die größte Bedrohung in seiner ganzen Geschichte an. 1526 traf der türkische Sultan Suleiman in Südungarn, bei Mohács, mit 85 000 Soldaten ein. Das zahlenmäßig weit unterlegene ungarische Heer erlitt eine katastrophale Niederlage und vollkommene Vernichtung. Der unerfahrene 20jährige König Ludwig II. ertrank bei seiner Flucht in einem reißenden Bach.

Zu der Niederlage von Mohács trug erheblich das Verhalten des Siebenbürger Woiwoden Johann Zápolya bei. Er befand sich mit 10 000 Mann der Siebenbürger Armee, darunter auch die Sachsen, nur 16 Meilen von dem Schlachtfeld entfernt, und zögerte sein Eingreifen hinaus, um nach einer Niederlage des Königs selbst zur Krone zu greifen. Allerdings heißt es auch, er habe vom König widersprüchliche Befehle erhalten, die ihn abwarten ließen.

Zwei Könige und ein Sultan in einem Land

Nach dem tragischen Tod König Ludwig II. entbrannten Thronstreitigkeiten, die zu ständigen kriegerischen Auseinandersetzungen führten und für die Bevölkerung zwölf Jahre lang viel Elend und Leid brachten. Es bemühten sich gleich zwei Kandidaten um den ungarischen Thron, Ferdinand I. von Habsburg (1526–1564), der Schwager von König Ludwig II. und jüngerer Bruder Kaiser Karl V., der seinen Anspruch im Ehevertrag begründet sah, und, wie könnte es anders sein, der Zögerer von Mohács, Johann Zápolya, Woiwode von Siebenbürgen. Letzterer war der größte Feudalherr des Landes und ihn wählte die überwältigende Mehrheit des Adels zum König. Das Recht zur freien Königswahl stand dem Reichstag gemäß »Goldener Bulle«, der Verfassung, zu.

Der Grund für Ferdinands Ablehnung lag auch darin, daß sein Bruder, Kaiser Karl V., mit Frankreich im Krieg stand, und somit für die Ungarn die Gefahr bestanden hätte, zu der östlichen Bedrohung durch die Türken auch noch von westlicher Seite in Bedrängnis zu geraten. Im November 1526 wurde Zápolya in Stuhlweißenburg zum König gekrönt. Ein anderer Reichstag hatte etwa zur gleichen Zeit Ferdinand zum König gewählt.

Johann Zápolya versuchte ein Arrangement mit den Habsburgern zu finden und sie zu einem Bündnis gegen die Türken zu gewinnen, was ihm jedoch nicht gelang. In dieser Zeit kämpfte Ungarn bereits gut 100 Jahre gegen die Türken, ohne daß es vom Deutschen Reich oder den Habsburgern nennenswerte Hilfe erhalten hätte.

Da es zu keiner Einigung mit Ferdinand I. kommen konnte, versuchte Zápolya sein Gebiet zu sichern, indem er sich mit den Türken verbündete (1528). Er schickte einen Botschafter mit einem Angebot nach Istanbul zum Sultan, und dieser nahm Zápolya als Verbündeten auf. Die in blumenreicher Sprache abgefaßte Antwort des Sultans sollte dem Leser nicht vorenthalten bleiben. Sie lautet: »... ich, Sultan Suleimann, Fürst der unbesiegbaren Türken, schwöre bei Gott in der Höhe, auf seine Allmacht, Heiligkeit und Glanz, ... kraft des Himmels, des Erdkreises, der Sonne, des Mondes und der Sterne, und auf den großen heiligen Mohammed, auf meinen Vater und auf die Milch meiner Mutter, auf mein Brot, auf mein Schwert, mein Leben und meine Seele, daß ich Dich, mein lieber Bruder, niemals verlasse, nicht einmal dann, wenn mein Reich und meine Länder von mir weggenommen würden ... Auch wenn ich nur allein geblieben wäre, meine Pflicht soll es sein, Dich zu finden und Dir zu sagen, was Du von mir willst, bin ich bereit, zu Deinen Gunsten zu sein und Dir lieb zu sein. Wenn ich mein Versprechen nicht halten würde und meine Erben das nicht tun würden, soll Gott der Zorn des großen Gottes über mich kommen und ich ganz und gar verloren gehen und die Erde soll meine Schritte nicht erleiden, sondern die Erde soll sich öffnen und mich mit Haut und Haaren und mit meiner Seele verschlucken und verdauen.«

Ferdinand I. trat mit dem Anspruch auf, die christliche Einheit zu verteidigen, während Zápolya das Nationalgefühl der Adeligen ansprach.

Um seinem Thronanspruch Geltung zu verschaffen, griff Ferdinand I. Ungarn an. Der Streit um die Krone wurde von beiden Seiten mit erbitterter Zähigkeit und in der Tat mit ziemlich allen Mitteln geführt. Zápolya floh nach Siebenbürgen. Die Sachsen, durch einen Treueeid gebunden, waren nur kurze Zeit auf seiner Seite, bald nahmen sie deutlich Partei für Ferdinand I. Der Sachsengraf Markus Pemfflinger setzte sich unermüdlich für Ferdinands Sache ein und leistete in Hermannstadt zähen Widerstand gegen Zápolyas Truppen. Hermannstadt fiel erst im Jahre 1536. So waren in dieser Auseinandersetzung die Sachsen gegen König Johann I. Zápolya, die Adeligen jedoch für ihn, während die Szekler sich wankelmütig verhielten.

Die gewalttätigen Thronstreitigkeiten der beiden Könige, in die das gesamte Volk einbezogen war, dauerten gut 11 Jahre, bis 1538, und endeten mit dem Frieden von Großwardein. Er brachte einen Vergleich, in dem beide Parteien gegenseitig ihren Besitz anerkannten und Johann Zápolya längerfristig zu Gunsten

Habsburgs auf den Thron verzichtete, was bedeutete, daß sein Land, Siebenbürgen, nach seinem Tode an die Habsburger käme.

Zwei Jahre später, 1540, starb Johann Zápolya. Seine Witwe, Königin Isabella, hielt sich nicht an diese Vereinbarung und versuchte den Thron für sich und ihren inzwischen geborenen Sohn, Johann Sigismund, zu sichern.

Währenddessen hatte Ferdinand den Sultan über die neu entstandene Lage informiert, mit der Absicht, Zápolya zu kompromittieren. Suleiman, der bis dahin einige Male versucht hatte, Wien einzunehmen, sah seine Vorherrschaft gefährdet, erschien mit seinen Truppen erneut in Budapest und besetzte die Burg. Von nun an herrschten die Türken hier, 150 Jahre lang.

Ungarn war somit in drei Teile geteilt, den westlichen und nördlichen Teil, den Herrschaftsbereich der Habsburger, die Mitte mit Budapest, unter der Türkenherrschaft, und den östlichen Teil, Siebenbürgen, Zápolyas ehemaliges Königreich.

Siebenbürgen löste sich in dieser Zeit langsam von Ungarn ab. Es stand zwar unter türkischer Oberhoheit und mußte Tribut zahlen, doch die Macht lag weitgehend beim Landtag, der die Befugnisse der drei Stände und ihr Verhältnis untereinander 1542 in Thorenburg neu festlegte und bekräftigte. Jeder Stand hatte das Recht, seine Belange frei zu regeln; gemeinsame Bereiche waren u. a. die Verteidigung, die Außenpolitik und die Steuerfestlegung. Auch die Gesetzgebung sollte gemeinsam und unter Einstimmigkeit erfolgen. Isabella und ihr Sohn Johann Sigismund wurden anerkannt, doch bekleidete dieser nicht die Königswürde, sondern den Rang eines Fürsten. Ferdinand ließ man, deutlich resigniert, wissen, wenn er schon das Land gegen die Türken nicht schützen könne, solle er ihm doch gewähren, seine Belange selbst in die Hand zu nehmen. Damit war der Schritt zum selbständigen Fürstentum vollzogen.

Ferdinand gab das Land aber nicht auf, es gelang ihm 1551, seine Herrschaft in Siebenbürgen wieder aufzurichten. Das kaiserliche Heer, bestehend aus spanischen Landsknechten, eroberte unter der Leitung des italienischen Söldnergenerals Giovanni Battista Castaldo Siebenbürgen. Seine Truppen, von den Sachsen anfangs freudig begrüßt, richteten fürchterliche Verwüstungen an; Ausschreitungen, Morde und Plünderungen waren an der Tagesordnung. Diese Krieger hausten in ihrer Zerstörungswut ebenso wie die osmanischen Heerscharen. Isabella, die mit ihrem Sohn vertrieben worden war, wurde zurückersehnt. Sie kam, als die Söldner abgezogen waren, erlangte aber keine Macht, ebensowenig wie Johann Sigismund, der bis 1571 regierte. Während seiner Zeit gab es noch weitere kriegerische Auseinandersetzungen zwischen ihm und den Habsburgern. Erst 1570 kam es endlich zu dem Friedensschluß von Speyer. Johann Sigismund Zápolya verzichtete endgültig auf den ungarischen Königstitel und war einverstanden, daß nach dem Aussterben seiner Familie Siebenbürgen als ungarisches Kronland von dem jeweiligen König regiert werden sollte. Bald nach dem Friedensschluß starb er.

In dieser Epoche voller Wirren und Kriegsgeschrei lebte eine der größten Gestalten des Sachsentums, Johannes Honterus. Der hochgebildete Gelehrte war Autor vieler wichtiger Bücher, Volkserzieher und bedeutender Geograph. Ihm verdanken wir die wichtigsten Landkarten Siebenbürgens, die in der von ihm gegründeten Druckerei gedruckt wurden. Er verlegte auch die ersten rumänischen Bücher, denn erst in dieser Zeit entstand die Schriftsprache der Rumänen, ein Werk deutscher Humanisten. Honterus studierte lange Zeit in Wien, Krakau und Basel und kehrte mit großem Tatendrang und voll der neuesten Ideen Westeuropas in seine Heimatstadt zurück. In Kronstadt setzte er mit einigen Gleichgesinnten 1542 die Kirchenerneuerung, also die Reformation, durch. Der Gottesdienst wurde nach seinem Reformationsbüchlein abgehalten, das im ganzen sächsischen Volk Verbreitung fand. Er wurde schließlich zum Stadtpfarrer von Kronstadt gewählt.

Während im übrigen Europa die Religionskriege wüteten und immense menschliche und materielle Opfer forderten, bildete Siebenbürgen in dieser Beziehung eine rühmliche Insel der Vernunft und Toleranz. Seit 1548 wurde hier die Religionsfreiheit, die Gleichsetzung der katholischen und lutherischen Religion praktiziert. Um 1568, nach dem Beschluß des Landtages in Thorenburg, konnte jede Kirche frei Gottes Wort verkünden.

Ein siebenbürgischer Fürst wird König von Polen

Nach einer langen Zeit politischer Wirren und mannigfachen kriegerischen Auseinandersetzungen konsolidierte sich die Situation nach dem Tode von Johann Sigismund. Zum neuen Fürsten wurde 1571 Stephan Báthori gewählt, dessen Vater zwischen 1530 und 1534 siebenbürgischer Woiwode gewesen war. In Báthori wählte man einen Fürsten von hoher humanistischer Bildung, die er in Esztergom am Hofe des Erzbischofs und in Italien erworben hatte. Ihn zeichneten sowohl hervorragende politische wie militärische Fähigkeiten aus. 1575 wurde er auch zum König von Polen gewählt und gilt dort noch bis heute als einer der bedeutendsten Herrscher des Landes. Während seiner Abwesenheit ernannte er seinen Bruder Christoph und später dessen Sohn Sigismund zu seinem Stellvertreter.

In jener Zeit entstand unter der Führung von Albert Huet ein für die Sachsen sehr wichtiges rechtliches Dokument, das »Eigenlandrecht der Deutschen in Siebenbürgen«, welches 1583 mit fürstlicher Genehmigung seine Gültigkeit erlangte. Es enthielt auch eine umfassende Aufzeichnung der Bodenbesitzverhältnisse und legte die deutsche Gerichtssprache für jedermann im Gebiet der Sachsen fest.

Der Nachfolger Báthoris, sein Neffe Sigismund (1586–1602), hatte eine weniger glückliche Hand als der Onkel. Er war wortbrüchig und wankelmütig und schreckte sogar davor nicht zurück, seine eigenen Verwandten hinrichten zu lassen.

Er täuschte auch die in den letzten 50 Jahren in Leibeigenschaft geratenen Szekler arg. Er rief sie zur Hilfe bei seinen kriegerischen Unternehmungen und versprach ihnen dafür die Freiheit, zog aber sein Versprechen zurück, nachdem er die Schlachten bei Trigovişte und Giurgiu gewonnen hatte. Die Szekler erhoben sich daraufhin, wurden jedoch von ihm besiegt.

Um den walachischen Fürsten Michael Viteazul Beistand zu leisten, verbündete sich Sigismund mit Rudolf v. Habsburg, dem König von Ungarn und Kaiser von Österreich, gegen die Türken und errang 1595 auch einen Sieg in der Walachei, doch das Kriegsglück wandte sich später gegen Sigismund, der sich von den Türken bedroht sah und Siebenbürgen an den Kaiser abtrat. Noch bevor die kaiserliche Verwaltung eintraf, machte er diesen Schritt wieder rückgängig, übergab den Fürstenthron aber bald seinem Vetter, dem Kardinal Andreas Báthori.

Dies nahm Michael Viteazul zum Anlaß, 1599 in Siebenbürgen einzudringen, angeblich um es dem Kaiser zu sichern. Er schlug die Truppen des Andreas Báthori, der selbst zu entkommen suchte, auf der Flucht aber von einem Szekler aus Rache für den Verrat seines Vorgängers erschlagen wurde.

Michael Viteazul konnte sich in Siebenbürgen nur ein knappes Jahr halten, denn seine Soldaten hausten so greulich, daß es zu einem allgemeinen Aufstand gegen ihn kam, zu dessen Unterstützung kaiserliche Landsknechte unter ihrem Heerführer Giorgio Basta herbeieilten. Mit dem sächsisch-ungarischen Heer gemeinsam wurde Michael geschlagen und vertrieben. Er reiste darauf empört zum Kaiser nach Prag, um sich zu beklagen, währenddessen Sigismund Báthori mit einem Söldnerheer wieder in Siebenbürgen auftauchte, um sich erneut zum Fürsten ausrufen zu lassen.

Daraufhin ernannte der Kaiser Michael zum Stadthalter, stellte nun ihm seine Truppen mit Basta zur Seite und Báthori wurde besiegt. Michael Viteazul nahm aber schon nach wenigen Wochen Verbindung mit den Türken auf, Grund genug für Basta, ihn ermorden zu lassen.

Und wieder kam Sigismund Báthori mit Söldnern, kämpfte viele Monate gegen Basta, bis er sich für immer zurückzog. Bastas Kriegsregiment war aber so unerträglich geworden, daß sich nun der Adel erhob, ohne jedoch viel erreichen zu können. Basta richtete ungeheuere Verwüstungen im Lande an. Seine Truppen mordeten, plünderten und zündeten zahlreiche Dörfer und Städte an. Erst als in Oberungarn ein großer Aufstand gegen Rudolf ausbrach, zog er ab. Siebenbürgen kam wieder unter türkische Oberhoheit.

Der Führer des Aufstandes gegen Rudolf, Stefan Bocskai, wurde mit Billigung des Sultans Fürst von Siebenbürgen. Er schloß 1606 den Frieden von Wien, der den Verzicht des Kaisers auf Siebenbürgen und weiterhin Religionsfreiheit beinhaltete.

Und nochmals wurde ein Báthori Fürst von Siebenbürgen, Gabriel Báthori (1606–1613). Der Achtzehnjährige war seiner Aufgabe in keiner Weise gewachsen und es mangelte ihm auch an menschlichen Tugenden. Er führte ein extrem ausschweifendes und wildes Leben, besonders in bezug auf Frauen. Die Chronisten nennen ihn stolz, ehrgeizig, gottlos und meineidig, ein »Liebhaber aller Schelme und Dieberei«. Er war ein Tyrann und seine ständige abenteuerliche Kriegslüsternheit machten ihn in allen Schichten und Ständen unbeliebt. Besonders die sächsischen Städte waren gegen ihn und mußten unter ihm leiden, er plünderte und verwüstete sie. Hermannstadt besetzte er durch eine List und Kronstadt nach langer Belagerung. Sein Leben nahm ein jähes Ende, er wurde von seiner eigenen Leibwache umgebracht.

Wie soll ein Land das alles ertragen! Es lag am Boden, seine Menschen waren in den Kriegsgreulen umgekommen oder Hunger und Seuchen zum Opfer gefallen. In Hermannstadt ließ man in jener Zeit Münzen prägen mit der Aufschrift: »Vor und hinter uns das Verderben. Gott sei uns gnädig!«

Mit Gabriel Bethlen (1613–1629) zogen in Siebenbürgen endlich friedlichere Zeiten ein. Das Land gewann in ihm einen Herrscher mit Bildung und kluger politischer Konzeption. Er setzte sich für die innere Stärkung des Landes und die Festigung der Zentralgewalt ein. Das vorderste Ziel seiner Politik war die Erhaltung der Freiheit und der Schutz des Protestantismus. Insgesamt ging sein Streben dahin, die staatliche Einheit des Landes wiederherzustellen und die türkische Herrschaft abzuschütteln. Überhaupt wurde nach der Spaltung Ungarns immer wieder versucht, eine Einheit herbeizuführen. So lange dies aber nicht möglich war, hütete Siebenbürgen allein die ungarische Eigenstaatlichkeit.

Während seiner Regierungszeit rief Fürst Bethlen Gelehrte, Wissenschaftler und Künstler aus ganz Europa nach Siebenbürgen, vor allem aber aus Italien, Deutschland und Polen. Er gewann auch das Vertrauen der sächsischen Bevölkerung. Georg Kraus, der Schäßburger Chronist, schrieb über Bethlen: »Gott gebe dem Landt vill dergleichen Regenten und Potentaten, ist ein rechter Pater Patriae gewesen; lasset das Landt Siebenbürgen in allem Flor undt besser erbaut als er funden.«

Nach dem Tode Gabriel Bethlens wurde dessen Politik im wesentlichen von Georg I. Rákóczi (1630–1648) weitergeführt. Dieser entwickelte sich, wohl durch den Einfluß seiner Frau, zu einem fanatischen Protestanten, der versuchte, die anderen Religionen zurückzudrängen. Rákóczi schloß 1643 ein Bündnis mit Schweden und Frankreich und kämpfte erfolgreich gegen Ferdinand III. Es gelang ihm zwei Jahre später einen für Siebenbürgen günstigen Frieden zu schließen, in dem er auch die Glaubensfreiheit der Protestanten sicherte. Sein ihm nachfolgender Sohn Georg II., Rákóczi, griff 1653 die Fürstentümer Moldau und Walachei an und versuchte auch die Krone Polens zu gewinnen, wodurch in den Jahren zwischen 1658 und 1662 neue Kämpfe und neues Leid für die Bevölkerung hereinbrach. Seinem erfolglosen Polenfeldzug, den er als Bundesgenosse des Schwedenkönigs Karl X. Gustav führte, folgte eine türkische Strafexpedition gegen Siebenbürgen mit gut 100 000 Mann, an der sich nicht nur Türken und Tataren, sondern auch der walachische und moldauische Fürst beteiligte. Die Verwüstungen, die jetzt entstanden, waren fast so verheerend, wie die des Mongoleneinfalls von 1241. Die Türken ernannten Achatius Barcsay zum Fürsten von Siebenbürgen, jedoch verlangte auch Rákóczi die Macht zurückzuerhalten. Durch die Rivalität der beiden entstanden bürgerkriegsähnliche Zustände. Rákóczi wurde von den Türken bei Julmarkt 1660 besiegt und erlitt dabei tödliche Wunden. Inzwischen versuchte Johann Kemény, der Nachfolger Rákóczis, mit Hilfe der kaiserlichen Truppen, Siebenbürgen zurückzugewinnen. Der Gegenangriff der Türken kam prompt und verwüstete das Szekler- und Nösener-Land. Kemény verlor in der Schlacht von Groß-Alisch (Groß-alisch) 1662 sein Leben. Danach wurde Michael Apafi (1661–1690) Landesfürst, der sich bemühte, die räubernden und mordenden türkischen und tatarischen Horden zu vertreiben. Er lavierte nicht ungeschickt zwischen den Fronten der Habsburger und Türken, deren Interessensphären unglücklicherweise seit Jahrhunderten in diesem Raum aufeinanderstießen. Apafi wurde weder der Spielball der einen noch der anderen Seite.

Die Türken erlitten während der Regierungszeit Apafis verheerende militärische Niederlagen, die das Ende der türkischen Herrschaft signalisierten. In den Jahren 1663 und 1664 wurde das osmanische Heer an der Drau von Nikolaus Zrinyi und Herzog Hohenlohe geschlagen, und im selben Jahr errang auch der kaiserliche General Montecuccoli einen entscheidenen Sieg. Trotz dieser Überlegenheit schloß der kaiserliche Hof einen für Ungarn ungünstigen Frieden, wodurch die harmonische Zusammenarbeit zwischen den Habsburgern und dem ungarischen Adel abbrach. Durch den Friedensschluß zwischen Österreich und der Türkei 1664 in Vasvár blieb ein erheblicher Teil von Siebenbürgen im Besitz der Türken. Ungarn war damit zum Hauptverlierer geworden. Hierin ist schon einer der Gründe für die späteren Aufstände gegen die Habsburger zu suchen. Die österreichische Herrschaft brachte den von den Türken befreiten Gebiete aber keine freiheitlichen Verhältnisse, sondern ebenfalls Unterdrükkung, unter der besonders die Protestanten zu leiden hatten. So war es kein Wunder, daß ein hauptsächlich von der ungarischen Bevölkerung unterstützter und von Imre Thököly geführter Aufstand ausbrach. Der Sultan war Thököly zunächst wohl gesonnen. Mit seiner Hilfe konnte sich dieser in Oberungarn behaupten. 1690 wurde er zum Fürsten von Siebenbürgen erhoben.

Für das weitere Schicksal Siebenbürgens und Ungarns war der Untergang der türkischen Armee vor Wien 1683 von entscheidender Bedeutung. Vier Jahre später, 1686, wurde die Hauptstadt Buda nach anderthalb Jahrhunderten Besetzung vom Türkenjoch befreit. Der 1699 zwischen Österreich und der Türkei in Karlowitz geschlossene Frieden sicherte die kaiserlichen Erwerbungen in Ungarn. Der letzte siebenbürgische Fürst, Michael Apafi II., wurde 1701 kurzerhand zur Seite geschoben.

Die Herrschaft der Habsburger

Siebenbürgen wurde nun unmittelbar Wien unterstellt und vom dortigen Kanzleramt regiert. Die in Siebenbürgen stationierte Armee war ebenfalls Wien untergeben und nicht dem Gouverneur, der, vom Kaiser ernannt, der obersten Verwaltungsbehörde des Landes vorstand und in Hermannstadt seinen Sitz hatte. Damit war Siebenbürgen die Selbständigkeit genommen. Das leopoldinische Diplom von 1691, benannt nach Leopold I. »Diploma Leopoldinum«, regelte die Rechtsverhältnisse im Lande und schloß Siebenbürgen eng an Österreich an. Die Einnahmen des Landes (Salzbergwerke, Eisenhütten, Glasherstellung, Steuern etc.) flossen nach Wien. Auch das Wirtschaftsleben wurde von Beamten des Hofes reglementiert. Die bäuerliche Bevölkerung wurde mit untragbar hohen Steuern belastet und war gezwungen, die österreichischen Truppen zu versorgen. Dies alles führte zu großer Verelendung und zu verheerenden Hungersnöten. Während der ersten Jahrzehnte der Habsburger Herrschaft fiel der Sachsengraf, Sachs von Harteneck, einer politischen Intrige zum Opfer, deren Verursacher nicht ganz klar zu erkennen sind. Er wurde zum Tode verurteilt und 1703 hingerichtet.

Siebenbürgen litt unter den zentralistischen Maßnahmen des Wiener Hofes und vor allem unter den ausbeuterischen und willkürlichen Steuern. Außerdem erfolgte durch die konservative Haltung Österreichs eine Abkapselung von den fortschrittlicheren westeuropäischen Ländern, wodurch Ungarn und sein Kronland Siebenbürgen in einen kolonialen Zustand zu versinken drohten. Die Eigenstaatlichkeit und damit zusammenhängend die Selbstbestimmung wurden verweigert. Das alles ging einher mit der Unterdrückung der Glaubensfreiheit und der Eingrenzung der Entfaltungsmöglichkeiten der sprachlichen Kultur in den einzelnen Volksgruppen. Dies waren die Gründe dafür, daß 1703 in Ungarn ein von breiten Schichten des Volkes getragener Freiheitskrieg gegen die Habsburger Herrschaft ausbrach.

An der Spitze des Aufstandes stand Franz Rákóczi, der aus einer sehr angesehenen und kämpferischen Familie stammte. Sein Vater und Großvater waren Fürsten von Siebenbürgen gewesen, der Urgroßvater war Nikolaus Zrinyi, der vielgerühmte Held von Szigetvár, der die Burg gegen die Türken bis zur Selbstaufopferung verteidigt hatte. Die Mutter, ebenfalls eine kämpferische Amazone, hatte drei Jahre lang Widerstand geleistet bei der Belagerung der Burg Munkács. Obwohl in Wien erzogen, stellte sich Franz Rákóczi, der 1704 zum Fürsten gewählt wurde, der österreichischen Herrschaft entgegen. Er kämpfte in wechselvollem Kriegsverlauf anfangs erfolgreich gegen die kaiserlichen Truppen. 1707 wurde von ungarischer Seite

Joseph I. der Thron aberkannt und die Konfoderation zwischen Ungarn und Siebenbürgen beschlossen.

Die Auseinandersetzungen mit Österreich gingen aber weiter und endeten, da die versprochene Hilfe Ludwig XIV. und Karl XII. ausgeblieben war, 1711 mit einer Niederlage Rákóczis. Der Frieden von Sathmar wurde noch im selben Jahr geschlossen. Damit etablierte sich die habsburgische Herrschaft in Ungarn und Siebenbürgen endgültig, und es kam die Gegenreformation.

Die Jesuiten kehrten zurück und spielten nun eine wichtige Rolle bei der Rekatholisierung des Landes. Es ist kennzeichnend, daß 1742 sogar an die Spitze der sächsischen Verwaltung ein Katholik gesetzt wurde. Auf Betreiben Wiens sollten die Rumänen die griechisch-orthodoxe Kirche verlassen, um den griechisch-katholischen Glauben anzunehmen. Die Selbstverwaltung Siebenbürgens beschränkte sich auf Rechtsprechung, örtliche Verwaltung und Beschließung der Steuerabgaben. In der Zeit des Guberniums verlor der ungarische Adel seine führende Rolle, zugleich wurde aber auch die Selbstverwaltung der Sachsen und die Mitsprache der Szekler begrenzt. Besonders folgenschwer war die Neuordnung und Organisierung der Grenzschutzgebiete. 1762 wurde die Militärgrenze eingeführt. Die Einwohner dieser Gebiete wurden unter ein Sonderrecht gestellt und mußten Kriegsdienst leisten. Während sich die Rumänen gern in der neuen Situation zurechtfanden, da diese eine Aufwertung ihres nationalen Status bedeutete, protestierten die Szekler dagegen. Ihr gewaltloser Widerstand wurde durch das österreichische Militär mit Brachialgewalt gebrochen und endete mit einem Blutbad in Mádéfalva, wo mehrere Hundert Szekler niedergemetzelt wurden.

Der erste Gouverneur Siebenbürgens, Georg Bánffy stammte aus dem ungarischen Adel. Der bedeutendste war ein Sachse, Samuel von Brukenthal. Er war seit 1753 Ratgeber von Maria Theresia, die übrigens noch weitere Deutsche, sog. Landler, aus dem Salzkammergut und Kärnten vertriebene Protestanten, in Siebenbürgen ansiedelte. Am Theresianischen Hof gewann Brukenthal Einfluß und wurde mit dem höchsten Amt in Siebenbürgen, dem des Gouverneurs, (1777) betraut. Als glänzender Staatsmann, der sich erfolgreich für die Interessen seines sächsischen Volkes einsetzte, ging er in die Geschichte des Landes ein.

Nach der vom Volk verehrten Königin Maria Theresia kam deren Sohn, Joseph II., von 1780–1790 auf den Thron. Er war in ganz Ungarn außerordentlich unbeliebt. Zwar war er von fortschrittlichen Ideen durchdrungen, doch weckten seine zentralistischen Reformen in Siebenbürgen bei allen drei Ständen großen Widerspruch. Kurz vor seinem Tode sah er die Undurchführbarkeit dieser Reformen ein und widerrief sie. Unter seiner Regierung brach 1784 ein rumänischer Bauernaufstand unter der Leitung von Horea und Cloşca aus. Sein Zentrum lag im Erzgebirge, wo eine große Zahl von Adligen, Staatsbeamten und Geistlichen ermordet wurde. Die kaiserliche Armee schlug die Aufständischen nieder, Horea und Cloşca wurden gerädert. Diesem Aufstand der leibeigenen rumänischen Bauern, deren Empörung sich hauptsächlich gegen den ungarischen Adel richtete, hatten sich nur ganz wenige Ungarn angeschlossen.

Der Tod Josephs II. löste bei Sachsen und Ungarn unverhohlene Freude aus. Die beschlossene Zurücknahme der unpopulären Reformgesetze führte der Gouverneur Georg Bánffy aus, der jedoch so klug war, darauf zu achten, daß manches Vernünftige beibehalten wurde.

Für den weiteren Verlauf der Geschichte Siebenbürgens war die Zuwanderung von Rumänen, die zeitweise in großen Mengen aus den südlichen Woiwodschaften hereinströmten, von großem Gewicht. Die Bedeutung dieses Vorgangs wurde zunächst aber von niemandem erkannt. Während die ungarische und sächsische Bevölkerung durch die vielen Kriege dezimiert wurde, vermehrte sich die rumänische durch Einwanderung.

In der ethnischen Zusammensetzung der Bewohner Siebenbürgens begann sich eine Veränderung bemerkbar zu machen. Betrug der Anteil der Rumänen um 1570 noch etwa 26%, so war er 150 Jahre später um ca. 8% angestiegen.

Die rumänische Bevölkerung konnte oder durfte bis zur Mitte des 19. Jhs. an der politischen Führung des Landes nicht teilnehmen.

Trotzdem oder gerade deshalb formierte sich eine nationale Bewegung, deren Grundlage die dako-roma-

nische Theorie war. Ihre wichtigsten Protagonisten waren der Bischof Inochentie Micu-Klein, Samuil Micu-Klein, Gheorghe Şincai und Petru Maior.

Die nationalen Forderungen der Rumänen wurden vom griechisch-römischen Klerus formuliert. 1791 wandte er sich mit einer Bittschrift »Supplex Libellus Valachorum (flehender Brief der Walachen) an Leopold II. (1790–1792).

In dem Brief wird darum gebeten, die rumänische Bevölkerung in die Reihen der anerkannten Stände Siebenbürgens aufzunehmen, ihr Teilnahme und Vertretung im politischen Leben zu gewähren und ihr die gleichen Rechte zuzuerkennen, wie der übrigen Bevölkerung.

Der König gab diese Bittschrift an die Landesversammlung weiter, welche sie zurückwies, mit der Begründung, daß unter den Rumänen Adel und Leibeigene bereits gleiche Rechte und Pflichten besäßen wie Sachsen und Ungarn, unabhängig von ihrer ethnischen Zugehörigkeit. Die darüber hinaus beklagte Rückständigkeit und das niedrige kulturelle Niveau des rumänischen Volkes läge aber in der geringen Bildung seiner Priester begründet. So konnte sich auch zunächst der berechtigte Anspruch auf Anerkennung der orthodoxen Kirche als vierte Religion nicht durchsetzen.

Reformzeitalter

Die Ideen der Aufklärung und der französischen Revolution brachten Bewegung in die gesellschaftlichen Strukturen der westeuropäischen Länder. Österreich aber tat sich damit schwer. Kaiser Franz I. (1792–1835) war ein rigider absolutistischer Herrscher und eingeschworener Gegner aller fortschrittlichen Reformen. Trotzdem fanden die neuen Gedanken über Staat und Gesellschaft erst in Ungarn und bald danach auch in Siebenbürgen kämpferische Anhänger. Die Fragen der neuen Zeit und die neuen Anforderungen wurden in den Landtagen mit immer größerer Heftigkeit und Leidenschaftlichkeit diskutiert. Die Ideen der ungarischen Reformbewegung drangen in den dreißiger Jahren unaufhaltsam nach Siebenbürgen ein. Gleichheit vor dem Gesetz, Abschaffung der Leibeigenschaft und des Fideikommisses waren die Forderungen, die von der

Sächsisches Dorf Großau, Blick vom Kirchturm auf den Ort

immer stärker werdenden Opposition im Landtag formuliert wurden. Interessanterweise waren die Fürsprecher der bürgerlichen Reformen Männer, die aus hochadeligen Familien stammten, so Baron Nikolaus Wesellényi, Baron Dénes Kemény und Graf Johann Bethlen.

Der Sprachenstreit

Die Reformbewegung war jedoch auch mit nationalen Zielen der Ungarn verbunden, die vor allem ihre Sprache verbreiten und deren Anwendung als Amtssprache an Stelle des Lateins in Siebenbürgen durchsetzen wollten. Dies stieß auf Widerstand nicht nur bei den Sachsen, sondern vor allem bei den Rumänen. Doch fanden die Reformkräfte der Ungarn z. T. auch bei den Sachsen Unterstützung. Der höchste sächsische Beamte seit 1836, Joseph Bedeus von Scharberg, schlug vor, man solle mit der Abschaffung der lateinischen Sprache und ihrer Ersetzung durch die ungarische einverstanden sein, weil Siebenbürgen zur ungarischen Krone gehöre und diese Sprache für die Sachsen nicht neu sei, da schon während der Regierungszeit der ungarischen Fürsten die Amtsgeschäfte in ungarisch abgewickelt worden seien und auch die Gesetze in ungarischer Sprache verfaßt worden sind. Nicht nur die Ungarn und Rumänen, sondern auch die Sachsen erstrebten offen oder insgeheim eine sprachliche Hegemonie. Die Sachsen wollten einerseits – und verständlicherweise – die deutsche Sprache mit der ungarischen gleichsetzen, andererseits aber nicht erlauben, daß die Ungarn in Broos und die Rumänen der umliegenden Dörfer ihre eigene Sprache benutzten.

Rumänische Nationalbewegung

Ebenfalls in der ersten Hälfte des 19. Jhs. entstand eine rumänische Nationalbewegung, welche nun den Forderungen der Rumänen Ausdruck verlieh. Die Führung dieser Bewegung formierte sich in Blasendorf um Simion Bařnutiu. Seine Ideologie setzte sich aus kantianischen und herderschen Gedanken, sowie Ideen des Liberalismus mit starkem nationalen Akzent zusammen.

In dieser Zeit wird erkennbar, wie das Nationalitätenproblem, das bisher latent unter der Oberfläche geschwelt hatte, in den Vordergrund des politischen Geschehens drängte. Die Unterschiede der einzelnen Volksgruppen waren allein schon groß und hinzu kamen noch die Klassengegensätze und die verschiedenen Religionen. Auch Lebensstandard, Kultur- und Bildungsniveau der einzelnen Gruppen waren weit voneinander entfernt.

Die Auseinandersetzungen, die sich in den Landtagen der dreißiger und vierziger Jahre anbahnten, erreichten ihren Höhepunkt am Ende der Regierungszeit Ferdinand V. (1835–1848).

Union und Freiheitskampf

Am 15. März 1848 brach in Budapest die Revolution aus, die den Kampf gegen das Feudalsystem mit dem um die nationale Selbstbestimmung verband. Das Aufbegehren mündete rasch in einen das ganze Land erfassenden Bürgerkrieg, der die österreichische Monarchie in ihren Grundfesten erschütterte.

Die Revolution griff bald nach Siebenbürgen über. Im Mai 1848 beschloß der Landtag in Klausenburg die bedingungslose Vereinigung Siebenbürgens mit Ungarn, die Union. Hierzu muß bemerkt werden, daß dieser Beschluß nicht ohne den Druck der Straße zustande gekommen war. Es hatte Demonstrationen gegeben, bei denen, in Anlehnung an die Losung der Französischen Revolution, »Freiheit oder Tod«, die Parole »Union oder Tod« ausgerufen worden war. Vor diesem Hintergrund ist die Zustimmung des rumänischen Bischofs und auch die der sächsischen Abgeordneten mit Vorbehalt zu bewerten.

So stieß denn auch die Wiedervereinigung Siebenbürgens mit Ungarn und die damit verbundene Zuständigkeit des ungarischen Ministeriums für alle Kronländer auf Widerstand, der aus den Nationalitäten kam. Die Sachsen verhielten sich in dieser Frage nicht einheitlich. Viele liberal gesinnte Bürger aus Schäßburg und Kronstadt bejahten die Union, während im konservativen Hermannstadt eher Skepsis herrschte.

Nationale Bewegungen

Hauptsächlich aber entfachte der Streit um die Union zwischen Ungarn und Rumänen. Es gelang der ungarischen Regierung nicht, die inzwischen in Siebenbürgen zahlenmäßig überlegenen Rumänen mit der Union zu versöhnen und auf ihre Seite zu ziehen. Zu lange hatte man den nationalen Forderungen und Wünschen des rumänischen Bevölkerungsteils kein Gehör geschenkt.

Am 15. Mai 1848 wurde eine rumänische Volksversammlung in Blasendorf einberufen, auf der die Union mit Ungarn abgelehnt wurde. In der nationalen Bewegung der Rumänen nahm Avram Iancu im Kampf gegen die revolutionären Ungarn eine besondere Stellung ein. Der gelernte Rechtsanwalt war ein überzeugter Anhänger liberaler Ideen. Er wurde von seinen Landsleuten als Volksheld verehrt.

Die Wiener Kamarilla spielte in dieser Auseinandersetzung eine sehr zweifelhafte Rolle. Sie war bemüht, die Nationalitäten nach dem Prinzip »divide et impera« gegen die Ungarn verdeckt oder offen aufzuwiegeln. Der Angriff des kroatischen Banus Josip Jelačić ist auch in diesem Zusammenhang zu sehen. Als er in Ungarn einbrach, beschloß die Regierung von Graf Batthyány in Budapest die Aufstellung einer Armee. Nachdem die Erfassung von Rekruten auch in Siebenbürgen erfolgte, nahmen die Unruhen der Rumänen zu. In einigen Gebieten, vor allem im Erzgebirge, kam es zu bewaffnetem Widerstand gegen die Union, der vom Wiener Hof geschürt wurde. Man redete den rumänischen Leibeigenen ein, die ungarischen Herrn hätten vor, sie gegen den »guten Kaiser« in den Kampf zu führen. Dazu waren sie nicht bereit, ebensowenig wie ihre oberen Schichten, die vielmehr dem österreichischen Militär Unterstützung boten. Rumänische Freischärler überfielen Städte, wo es zu grausamen Übergriffen an der Zivilbevölkerung kam. In Kleinenyed und Klein-Schlatten wurden mehrere hundert Menschen ermordet, und in Straßburg wurde die berühmte Schule samt ihrer großartigen Bibliothek von flüchtenden rumänischen Truppen aus bloßer Rache in Brand gesteckt und sechshundert friedliche Einwohner niedergemetzelt. Die unbarmherzig und mit aller Härte geführten Kämpfe verursachten viele und schlimme Opfer. Auch von den Ungarn wurde eine Reihe rumänischer Dörfer angezündet und Sächsisch-Regen niedergebrannt, doch die meisten Greueltaten sind von rumänischen Freischärlern begangen worden.

Stephan Ludwig Roth

Die wichtigste Gestalt der sächsisch-nationalen Bewegung war Stephan Ludwig Roth, ein Pfarrer und Gymnasiallehrer aus Mediasch, der in seiner Jugend Mitarbeiter von Pestalozzi gewesen war. Seit den vierziger Jahren erschien er auf der politischen Bühne. Er betonte die moralische Verpflichtung, dem eigenen Volkstum zu dienen. In seinen Schriften befaßte er sich mit den Möglichkeiten des Zusammenlebens der Nationen auf der Grundlage der Gleichberechtigung. Während für die Ungarn der Kampf zwischen Reaktion und Liberalismus Priorität hatte, standen für ihn die Problematik der verschiedenen Sprachen und die Gegensätze der schließlich doch aufeinander angewiesenen Nationalitäten im Mittelpunkt. Er war Volkserzieher und Volksidol gleichzeitig. Als es zu seiner Hinrichtung kam, löste dies die größte Empörung aus. Er hatte von dem österreichischen General Anton von Puchner die Aufgabe übernommen, im Kokelburger Bezirk polizeiliche Maßnahmen durchzuführen und die Ordnung wieder herzustellen. Obwohl er seine Aufgabe mit Umsicht und ohne Blutvergießen erfüllt hatte, wurde er nach dem Sieg der Revolutionäre wegen Landesverrats zum Tode verurteilt. Es nützte ihm nichts, daß er vom Oberbefehlshaber der ungarischen Armee, General Joseph Bem, einen Schutzbrief bekam. Roth wurde auf Weisung des Regierungskommissars Ladislaus Csanyi wegen Landesverrats verurteilt und erschossen. Sein Richter mußte später dafür am Galgen hängen. Stephan Ludwig Roth starb wie ein Märtyrer; laut Überlieferung nahm er den Tod gelassen hin, so daß nach seiner Hinrichtung der kommandierende Hauptmann ausrief: »Soldaten, lernt von diesem

Mann, wie man für sein Volk stirbt.« Kurz vor seiner Hinrichtung schrieb Roth: »Mit meiner Nation habe ich es wohlgemeint, ohne es mit den anderen Nationen übel gemeint zu haben... Nachträglich muß ich noch ansetzen, daß ich weder im Leben, noch im Tode ein Feind der ungarischen Nation gewesen bin. Mögen sie dieses mir, als dem Sterbenden, auf mein Wort glauben, in dem Augenblick, wo sonst alle Heuchelei abfällt.«

General Bem

Die Gestalt des Generals Joseph Bem, der in Siebenbürgen seine größten Siege und Niederlagen erlitten hatte, gehört in den Kreis derer, um die sich inzwischen ein Heldenmythos gebildet hat. Nur eine Begebenheit aus der Zeit seiner Auseinandersetzung mit den Sachsen sei angeführt, denn sie wirft ein Licht auf den Charakter dieses Mannes.

Nach der Einnahme von Hermannstadt versuchte der Oberrichter Albrichtsfeld bei der Übergabe der Stadt in untertäniger Haltung und mit servilen Worten, den gefürchteten General gnädig zu stimmen. Bem unterbrach ihn nach einigen Sätzen und sagte: »Ich betrachte von nun an alle Bürger der Stadt nicht als meine Feinde, sondern als schätzenswerte Bewohner des Vaterlandes. Ich versichere Ihnen daher ausdrücklich, daß ich strengstens bestrafen werde, wenn gegen meine ausdrücklichen Verfügungen die Freiheiten der Bürger durch Übergriffe gefährdet sein sollten. Ich ersuche Sie, mir persönlich sofort solche Fälle zu melden, damit ich drastische Maßnahmen im Interesse der öffentlichen Ordnung verhängen kann. Ich erwarte von jedem Bürger, daß er ungestört und unbehindert seine Arbeit fortsetzt.« Als er die Stadt aufgeben mußte, schrieb der Kronstädter Siebenbürger Bote: »Wir werden immer gerne gestehen, daß der Rebellengeneral Bem ein Mensch ist, der auf der Höhe der gegenwärtigen Zivilisation steht, wir werden es dem letzten Kommandanten Hermannstadts, Oberstlieutenant Papp, nimmer vergessen, daß er in der Nacht des Abzugs seiner Truppen fortwährend durch die Stadt ritt und sich als Letzter entfernte, und Plünderungen, so viel er konnte, verhinderte. ... Im selben Geist der Menschlichkeit handelten sächsische Hermannstädter Bürger, als sie, trotz des Verbots österreichischer Behörden, 1500 darbende ungarische Gefangene mit Speis und Trank labten.«

Solche Gesten beweisen – und man könnte die Reihe der Beispiele fortsetzen – daß die Menschen einander doch achteten und einen guten Umgang miteinander suchten, auch wenn die Volksgruppen untereinander zerstritten waren.

Auf den verschiedenen Schlachtfeldern war viel Blut geflossen. General Bem hatte die österreichischen Truppen in mehreren Schlachten geschlagen und Siebenbürgen befreit. In diesen Kämpfen hatten sich die Husarenregimenter der Szekler durch Mut, Tapferkeit und Opferbereitschaft ganz besonders hervorgehoben. Hermannstadt, wo sich das kaiserliche Hauptquartier befunden hatte, war eingenommen worden.

Der ungarische Landtag, an der Spitze Ludwig Kossuth, hatte dem Hause Habsburg die ungarische Krone aberkannt. Die Revolution schien gesiegt zu haben.

Niederschlagung der Revolution und Vergeltung

Als dem österreichischen Kaiser Franz Joseph I. bewußt wurde, daß ihm Ungarn samt Siebenbürgen verlorengehen würde, beschloß er, den russischen Zaren zu Hilfe zu rufen. Am 21. Mai 1849 vereinbarte er mit dem Zaren Nikolaus I. eine Intervention des russischen Heeres gegen Ungarn. Der mit dem Feldzug beauftragte Fürst Paskiewitsch brach über die Karpaten mit 200000 Soldaten nach Siebenbürgen ein. Nach einem groß angelegten und aufeinander abgestimmten Feldzug der österreichischen und russischen Truppen samt Freischärlern der verschiedenen Nationalitäten gegen das zahlenmäßig weit unterlegene Heer der Ungarn, die weniger als die Hälfte an Soldaten und Kanonen hatten aufbringen können, erlitten die Ungarn bei Schäßburg eine vernichtende Niederlage. In dieser Schlacht fiel auch der große ungarische Dichter Sándor Petőfi.

Die Ungarn ergaben sich am 13. August 1849 bei Világos. Entgegen der vorherigen Vereinbarung verübten die Sieger grausame Rache an den Besiegten. Das Leben des Oberbefehlshabers, Artur Görgey, wurde zwar verschont, doch seine 13 Generäle wurden am 16. Oktober 1849 erschossen. Von den 775 Offizieren wurden ebenfalls 231 zum Tode verurteilt. Auch der ungarische Ministerpräsident, Graf Batthyány, wurde hingerichtet.

Bei den Vergeltungsmaßnahmen spielte der österreichische General-Feldzeugmeister Haynau, der schon wegen seines unbarmherzigen Einsatzes in Italien als »Hyäne von Brescia« in die Geschichte eingegangen war, auch hier wieder eine unrühmliche Rolle. Er versicherte und wettete um seinen Kopf, daß es in Ungarn 100 Jahre lang keine weitere Revolution geben werde, da er das Unkraut mit der Wurzel zusammen ausgerissen habe.

Nach der Niederlage der Revolution, der Verurteilung und Bestrafung ihrer Anführer und Anhänger, war nur in geringem Maße – und nicht, wie erhofft – die Belohnung ihrer Gegner erfolgt. So war bei ihnen die Enttäuschung bald groß. Die Truppen der rumänischen Freischärler wurden beinahe wie Räuberbanden behandelt, aufgelöst und ihre Führer im Falle des Widerstandes mit Gefängnis bedroht. Avram Iancu und Barnutiu wurden zwar ausgezeichnet, als sie aber Beschwerden vortrugen, aus Wien ausgewiesen. Auch der kaisertreue sächsische Komes von Salmen wurde 1852 seines Amtes enthoben. Die Ernüchterung der Rumänen war so groß, daß nun einer ihrer Wortführer, Nicolae Bălçescu, in Paris Verhandlungen mit Kossuth über das Zusammenleben der Nationalitäten in Siebenbürgen führte.

Gründe für das Scheitern der Revolution

Das Mißlingen des Freiheitskampfes hatte schwerwiegende innere und äußere Gründe. Die Ungarn hatten sich die vergangenen Jahrhunderte hindurch an die Idee vom Reich des Heiligen Stephan geklammert, während den Habsburgern die ebenfalls imaginäre Staatsidee vom Heiligen Römischen Reich Deutscher Nation vorschwebte. Die Ungarn hatten es nie aufgegeben, an das ungarische Königreich anzuknüpfen, das 1526 von den Türken vernichtet worden war. Seitdem aber hatte sich die ethnische Struktur des Landes deutlich verändert. Durch die kriegerischen Ereignisse war ein erheblicher Teil der alteingesessenen ungarischen Bevölkerung vernichtet worden, und an seine Stelle sind neu zugezogene fremdsprachige Einwohner getreten. In Siebenbürgen waren es die Rumänen, in Südungarn slawische Flüchtlinge.

Die Assimilation dieser neuen Bewohner ließ man zunächst außer acht, denn man betrachtete sie lediglich als Arbeitskräfte. Sie lebten weiterhin in ihrem eigenen kulturellen und sprachlichen Milieu und fühlten sich dem Ungarntum nicht verpflichtet. Als es 1848 in Ungarn zu einem nationalen Erwachen kam, erfaßte dieses auch jene Volksgruppen, die sich nun ihrer Nationalität besannen. Die Ungarn versuchten, wieder die Vorherrschaft in den Ländern der Stephanskrone zu erringen, was auch mit einer Bevorzugung der ungarischen Sprache einherging, und vergaßen dabei die in den letzten Jahrhunderten entstandene neue ethnische Gewichtung. Sie ließen ebenfalls außer acht, daß die Befreiung des Landes von den Türken nicht aus eigener Kraft geschehen war, sondern mit Hilfe des österreichischen Kaiserreiches erkämpft worden war. Nur ein Viertel der internationalen Befreiungsarmee hatte damals aus ungarischen Soldaten bestanden. So wurde Ungarn aus österreichischer Sicht fast als ein erobertes Land betrachtet, das man nicht bereit war, aufzugeben, umso weniger, da dies die Zerstörung des ganzes Reiches bedeutet hätte. Andererseits hatten die Führer der Revolution es nicht vermocht, mit ihren liberalen Ideen, wie Befreiung von der Leibeigenschaft, Gleichheit der Pflichten und Rechte für alle, die Nationalitäten hinter sich zu bringen. Deren Mißtrauen gegen die nationale Selbsteingenommenheit der Ungarn war zu groß, sie schlugen sich lieber auf die Seite des Kaisers. Ausnahmen bildeten die Schwaben und Teile der deutschen Bevölkerung in den Städten Ungarns, und im Sachsenland. So mußte die ungarische Armee nicht nur gegen die intervenierenden österreichischen und russischen Truppen, sondern auch gegen die im Lande rebellierenden nationalen Gruppen den Kampf aufnehmen. Die Bemühungen, die Forderungen der Nationalitäten zu erfüllen und mit ihnen einen friedlichen Kompromiß zu finden, kamen zu spät.

Das Schicksal der Revolution wurde schließlich durch den Großeinsatz des russischen Militärs entschieden. Spätestens hier zeigte es sich, daß die Revolutionäre auch die äußeren politischen Aspekte, die Machtkonzentration der in der »heiligen Allianz« verbundenen konservativen Imperien, nicht richtig bewertet hatten. Die Ungarn hatten weiterhin nicht erkannt, daß sie sich als prägender Machtfaktor in den Ländern der Stephanskrone nur im Rahmen der Monarchie, also mit österreichischer Hilfe, behaupten konnten.

Unabhängig von diesen Überlegungen, ob die Auflehnung gegen Österreich sinnvoll war oder nicht, war die Forderung nach Selbstbestimmung doch ein elementares Recht. Es scheint aber, daß durch die vernünftigen Reformen, wie sie von Graf Stephan Széchenyi in den dreißiger Jahren konzipiert worden waren, ein friedlicher Übergang von der feudalen zur bürgerlichen Staatsform möglich gewesen wäre. Széchenys Gegenspieler, dem bewunderten Führer der Revolution, Ludwig Kossuth, gelang es aber mit radikalen Reformideen und einer mitreißenden Rhetorik, die Massen auf seine Seite zu ziehen. So wurden in Maßlosigkeit alle Grenzen bis zur Entthronung des Kaisers überschritten, und es mußte unweigerlich zur Niederlage kommen. Die Lösung der Probeme durch einen Kompromiß hätte auch in österreichischem Interesse gestanden, doch wurde dies zunächst noch nicht erkannt. Vergeblich war das Aufbegehren der Revolution aber nicht gewesen. Die Wucht und Entschlossenheit des Kampfes hatten eine Kraft offenbart, mit der auch in Zukunft gerechnet werden mußte. Die durch die Revolution erwirkten sozialen Verbesserungen, wie Aufhebung der Leibeigenschaft und Bodenreform – 1,5 Mill. Morgen Land wurden verteilt, davon 80% an rumänische Kleinbauern – wurden nicht rückgängig gemacht.

Die Härte der Vergeltung war jedoch erschreckend und löste überall in Europa Proteste aus, die jedoch ohne Wirkung verhallten. Es wurde ohne Erbarmen hingerichtet, und die Gefängnisse füllten sich mit Tausenden. Es wurde ein Polizeistaat errichtet.

Absolutismus

Die Konsolidierung der Monarchie in Siebenbürgen begann mit der Einsetzung einer Militärverwaltung unter Ludwig von Wohlgemuth und Fürst Schwarzenberg und wurde später von zivilen Beamten fortgesetzt.

In den nachfolgenden Jahren wurde unter dem österreichischen Innenminister Alexander von Bach der Absolutismus installiert. Ein Verwaltungssystem von strengem zentralistischem Bürokratismus wurde eingeführt. Im Jahre 1852 entstand eine selbständige politische Polizei, die mit ihren Helfershelfern und Agenten das ganze politische und gesellschaftliche Leben kontrollierte. Sie war nicht nur bei den Redaktionen der Zeitungen präsent, sondern auch im Theater und in den Tanzsälen, sogar die Barttracht wurde beobachtet und durfte nicht revolutionär erscheinen.

Eine wichtige Stütze des neuen Regimes war die im selben Jahr gegründete Gendarmerie, der es gelang, durch ihre straffe Organisation, ihre Härte und ihren großen rechtlichen Bewegungsraum, unterstützt durch martialisches Aussehen mit glänzendem Helm und Gewehr, für Ruhe und Ordnung zu sorgen. Vervollständigt wurde die Exekutive durch die aus Wien hergesandten Beamten. Siebenbürgen wurde als Kronland in das einheitliche österreichische Reich eingegliedert und die Autonomie der Sachsen und Szekler damit liquidiert.

Die Ungarn entwickelten in diesem Jahrzehnt des Absolutismus neben dem Wirken der Emigranten im Ausland, hier sei vor allem Ludwig Kossuth genannt, eine besondere Art der Auflehnung, nämlich den »passiven Widerstand«. Sie verweigerten jede Mitarbeit mit der Regierung, nahmen kein Amt an, wählten nicht und ließen sich nicht wählen, zogen sich ganz vom politischen Leben zurück und versuchten überall wo es nur möglich war, Sand in das Getriebe zu streuen. Die einfachen Szekler nahmen an diesem Widerstand ebenso teil, wie die adeligen Kreise.

Österreich sucht die Versöhnung

Gravierende außenpolitische Ereignisse – die verlorenen Schlachten von Solferino und Königgrätz – zwangen Österreich schließlich zum Einlenken. Der Niederlage gegen Frankreich in der Schlacht von Solferino 1859 folgte bald eine wirtschaftliche Krise. Als erstes Zeichen der Versöhnung erließ Franz Joseph I. 1860 das »Oktoberdiplom«, in dem Ungarn eine partielle Wiederherstellung der Selbstverwaltung versprochen wurde. In Siebenbürgen stellte man die Nationaluniversität wieder her.

Die Ungarn befriedigte das nicht, sie bestanden auf der Wiederherstellung der Union, wie sie 1848 eingeführt worden war. Trotz der Ablehnung der Sachsen und Rumänen, die eine enge Verbindung mit Österreich befürworteten, wurde am 19. Dezember 1865 auf dem Landtag in Klausenburg die Wiedervereinigung Siebenbürgens mit Ungarn beschlossen und im Januar 1866 durch Franz Joseph I. bestätigt. Dieser suchte weitere Wege zur Versöhnung.

Siebenbürgen wieder im Königreich Ungarn

Der Ausgleich zwischen Österreich und Ungarn kam 1867. Ungarn erhielt wieder seine Selbständigkeit. Die Ministerien des Äußeren, der Finanzen und der Verteidigung wurden mit Österreich gemeinsam geführt. Noch im selben Jahr wurde Franz Joseph I. in Budapest zum König von Ungarn gekrönt.

Die große Sympathie und Zuneigung der Kaiserin zu Ungarn ist allgemein bekannt. Elisabeth lernte die ungarische Sprache. Sie las gern ungarische Literatur, und zu ihren Lieblingsschriftstellern gehörte der an der Revolution beteiligte Maurus Jókai. Zum ungarischen Hochadel hatte sie freundschaftliche Beziehungen. Graf Andrássy nannte sie die »schönste Vorsehung Ungarns.« Inwieweit dies zu der Versöhnung mit Ungarn beigetragen hat, ist nicht zu belegen, doch mag es gewiß seine Auswirkung gehabt haben. Die dankbaren Ungarn schenkten ihrer Königin das Barockschloß Gödöllő.

Siebenbürgen war somit wieder Teil des ungarischen Königreiches, welches seinerseits wiederum Teil der österreich-ungarischen Monarchie war.

Einbindung in das ungarische Staatswesen

Nach dem Ausgleich von 1867 wurden die siebenbürgischen Regierungsorgane aufgelöst und das Land von Budapest aus regiert.

Neue Gesetze sollten 1868 das Nationalitätenproblem regeln. Sie waren trotz mancher Einschränkungen beispielhaft für die damalige Zeit. Den miteinander lebenden Nationen sollte ihr Recht auf eigene Kultur und Sprache weitgehend gesichert werden. Die politische Gleichberechtigung der Nationen und die Abschaffung früherer Privilegien, was sich besonders auf die Sachsen bezog, sowie die Gleichsetzung der Kirchen und deren Selbstverwaltung wurden festgelegt. Die Nationaluniversität der Sachsen blieb aber weiterhin bestehen.

In ihrem Bemühen, die Länder der Stephanskrone zu einer Einheit zusammenzubinden, lief bei den Ungarn aber doch alles darauf hin, in der Zukunft keine selbständigen nationalen Verwaltungen mehr zu dulden. So wurde im März 1876 der »Königsboden«, das Sachsenland, mit seiner Nationaluniversität aufgelöst. Im Gesamtgebiet Siebenbürgens wurde die Verwaltung modernisiert und 15 neue Komitate gebildet, wobei die Autonomie der Szekler aufgehoben wurde.

Ein neues Wahlgesetz wurde 1874 erlassen. Seine Struktur war sehr kompliziert. Die Wahlberechtigung war an Bedingungen, den Wahlzensus, geknüpft, welcher die Zahl der Wähler einschränkte. Wahlberechtigt waren etwa 20% der Ungarn, 25% der Sachsen und 9% der Rumänen. Dies entsprach europäischen Normen, wie vergleichbare Zahlen über die Wahlberechtigung aus Deutschland (20%), Österreich (6,7%) und Schweden (6%) zeigen.

Ein neues Schulgesetz wurde 1879 erlassen. An allen Volksschulen wurde die ungarische Sprache als Fach obligatorisch eingeführt, was bei den Nationalitäten auf erheblichen Widerstand stieß, obwohl ungarisch die Staatssprache war. Insgesamt ergaben sich in den Bereichen Sprache und Schule die meisten Streitigkeiten. Trotzdem konnte sich das sächsische Schulwesen fortlaufend verbessern und einen beachtlichen Stand erreichen, woran der pädagogisch engagierte Bischof G. D. Teutsch allergrößten Anteil hatte.

Bei Sachsen und Rumänen löste das Ortsnamengesetz von 1898 Unruhe aus. Es schrieb für den offiziellen Gebrauch die Benutzung ungarischer Ortsnamen vor.

Nachdem die ersten Anpassungsschwierigkeiten überwunden waren und sich auch alle Befürchtungen wegen mangelnder Entfaltungsmöglichkeiten der nationalen Kultur als grundlos erwiesen hatten, bejahte die Bevölkerung Siebenbürgens, ausgenommen breite Schichten der Rumänen, die neue Staatsform und fand sich gut in ihr zurecht. Die Jahre gegen Ende der Jahrhundertwende brachten, wie überhaupt in ganz Ungarn, eine Zeit großen wirtschaftlichen Aufschwungs. Das Eisenbahnnetz wurde ausgebaut, der Bergbau gefördert und bei der Holz- und Leichtindustrie war ein deutliches Wachstum zu verzeichnen. Auch das Bankwesen formierte sich, und es entstand die neue Klasse der Industriearbeiter.

Die Sachsen im Dualismus

Das Sachsenland, der Königsboden, konnte auf eine siebenhundertjährige Tradition zurückblicken. Seine Grundlage war der, in der Folgezeit von ungarischen Königen 22-mal bestätigte, Andreanische Freibrief von 1224. Es bestand aus sieben Verwaltungsbezirken, den sieben Stühlen: Broos, Mühlbach, Reußmarkt, Leschkirch, Schenk, Reps und Schäßburg (alle ehemals Hermannstädter Stuhl), woher wahrscheinlich auch der deutsche Name „Siebenbürgen" abgeleitet wurde. Dazu kamen die beiden Stühle Mediasch und Schelk sowie die Distrikte Bistritz und Kronstadt. Als sich im 15. Jh. die Ständegesellschaft formierte – Ungarn, Szekler, Sachsen – war die oberste Behörde der Sachsen die Nationaluniversität mit dem Sachsengrafen, dem Komes, an der Spitze. Die Sachsen hatten immer ihre eigene Verwaltung und Gerichtsbarkeit, sie waren nur dem König unterstellt. Zweimal ist die Nationaluniversität zerstört worden, und zweimal ist sie wieder erstanden. Das erste Mal mußte sie aufgegeben werden, als Joseph II. die Verfassung Siebenbürgens aufhob und das zweite Mal nach der Revolution, als unter dem Absolutismus alles unter die Herrschaft der Habsburger kam. Die Sachsen, die mit Österreich sympathisiert hatten, waren durch die Einführung des absolutistischen Regimes enttäuscht. Sie, die mit der Organisation ihres Zusammenlebens das den erste demokratische Gemeinwesen Europas nach der Völkerwanderung geschaffen hatten, konnten sich mit der absolutistischen Staatsform nicht abfinden. Die erhoffte Änderung kam 1860 mit dem Oktoberdiplom Joseph II.

Dieses Zugeständnis, das die Ungarn, die ihre gesamte Verfassung von 1848 zurückforderten, ablehnten, wurde von den Sachsen freudig begrüßt. Sie sahen in ihm eine direkte Anknüpfung an das Leopoldinische Diplom von 1790. Die Nationaluniversität wurde wieder hergestellt, der nun zum ersten Mal auch Rumänen angehörten.

Siebenbürgen sollte ein selbständiges Glied der österreichischen Gesamtmonarchie werden. Die Sachsen gingen hoffnungsfroh in den Reichstag nach Wien. Die meisten unter ihnen waren für den österreichischen Gesamtstaat, weil sie in ihm ihre eigene nationale Entwicklung geschützt sahen, nur eine Minderheit war für die Vereinigung mit Ungarn.

Als die wirtschaftliche Lage Wiens aber immer prekärer wurde und die Ungarn nicht zum Einlenken zu bewegen waren, änderte Wien seine Politik. 1865 kam es zur Wende, der Kaiser war zur vollkommenen Versöhnung bereit. Siebenbürgen kam wieder zu Ungarn und Ungarn wurde selbständig.

Innerhalb der Sachsen bildeten sich zwei Hauptströmungen, die Altsachsen und die Jungsachsen. Die Altsachsen standen der neuen Regierung skeptisch gegenüber, vielleicht in zu großem Maße, wie sie später selber zugestanden. Sie vertraten eine konservative politische Richtung, deutschnational, zentralistisch und kaisertreu orientiert. Eine Hochburg dieses Flügels war Hermannstadt. Die Jungsachsen vertrauten darauf, daß die ungarische Regierung das sächsische Volk erhalten und zu seinem Besten handeln würde. Sie bejahten die Union und sahen die besten Entwicklungsmöglichkeiten für die deutschsprachige Bevölkerung in einer Zusammenarbeit mit den ungarischen Regierungsstellen. Der Tradition entsprechend war Kronstadt das Zentrum dieser politischen Kraft. Die Mehrheit der Sachsen, die Bürger und Bauern, stand der Politik fern, hatte aber in der Fremde durch Tradition, Sprache und Religion ein sehr starkes Zusammengehörigkeitsgefühl entwickelt.

War in der Union anfangs die Selbständigkeit der Sachsen noch bestätigt worden, so kam es doch bald zu neuen Gesetzen, die diese immer mehr einschränkten, bis hin zur Auflösung des Königsbodens, des Sachsenlandes, im Jahre 1876. Das war übrigens auch eine Forderung der Rumänen gewesen, die im Sachsenland immer einen Machtfaktor gesehen hatten, den sie zu ihren Gunsten beseitigt wissen wollten. Das Sachsenland wurde in Komitate aufgeteilt, die durch Hinzunahme von Gebieten so geschnitten waren, daß sich die Bevölkerungsstruktur änderte.

Die oberste Behörde der Sachsen, die Nationaluniversität, wurde ihrer Befugnisse enthoben. Sie bestand nur noch als Verwaltungsbehörde für das Universitätsvermögen fort, welches ausschließlich zu Kulturzwekken verwendet werden sollte, zugunsten aller Bewohner, ungeachtet ihrer Sprache und Religion. Alle Beschlüsse bedurften fortan einer ministeriellen Genehmigung.

An Stelle des gewählten Komes (Sachsengrafen) trat jetzt ein von der Regierung ernannter Beamter, der Obergespan. Er kam aus den Reihen der ungarischen Aristokraten oder der Jungsachsen. Auf der mittleren Ebene konnten die Nationalitäten aber wichtige Schlüsselpositionen besetzt halten durch ihre autonom gebliebenen kirchlichen und kulturellen Institutionen. So war es für sie möglich, ihre kulturelle Identität zu bewahren.

Die Sachsen konnten ihre Sprache frei benutzen und besaßen eine gänzlich souveräne kirchliche, kulturelle und wirtschaftliche Selbstverwaltung. An der Lenkung des Landes nahmen sie durch ihre Abgeordneten im Reichstag in Budapest teil und verstanden es, die Interessen des Sachsentums nachhaltig zu vertreten. Dennoch wehrten und sträubten sie sich heftig gegen staatliche Maßnahmen der Ungarn, es gab Proteste, Memoranden und Pressekampagnen, ganz besonders, wenn es sich um Gesetze handelte, die ihre Sprache und ihre Schulen betrafen. Aus heutiger Sicht gesehen, war all das ein Streit um Nichtigkeiten. Im Vergleich zu dem im Lande gegenwärtig stattfindenden Vernichtungskampf gegen die Nationalitäten erscheint das damalige Siebenbürgen, mit all seinen Fehlern, als eine Oase der Humanität und der nationalen Freiheiten.

Die sächsischen Schulen, die aber auch rumänische und ungarische Schüler aufnahmen, hatten ein hohes, von allen Nationalitäten anerkanntes Niveau. Ihre Existenz und Funktionstüchtigkeit verdankten sie der sächsischen evangelisch-lutherischen Kirche, die zu einem erheblichen Teil auch für den Unterhalt dieser Anstalten sorgte. Als der Sachsentag 1890 den einheitlichen ungarischen Staat ausdrücklich anerkannte, honorierten dies die Ungarn mit einem beachtlichen staatlichen Zuschuß zum Bau von fünf neuen Gymnasien, denn die Sachsen waren um die Jahrhundertwende dabei, in ihren Städten sehr großzügige und repräsentative Schulbauten zu errichten. Aber auch auf den Dörfern wurden neue Schulen gebaut. Die Ausrüstung der höheren Schulen war musterhaft. So umfaßte die Bibliothek des Kronstädter Gymnasiums 33 000 Bände, die des Mediascher Gymnasiums etwa 20 000, die des Schäßburger Gymnasiums rund 30 000 Bände. Bibliotheken nahmen überhaupt im sächsischen Geistesleben einen wichtigen Platz ein, allen voran die Bibliothek des Baron Brukenthalschen Museums in Hermannstadt, die sich unter der Leitung des Kustos Michael Csáki zu einer Nationalbibliothek der Siebenbürger Sachsen entwickelt hatte. Auch die Bibliothek der evangelischen Landeskirche sei hier erwähnt.

Das Zentrum des Museumswesens bildete natürlich das Brukenthal-Museum mit seiner Gemäldegalerie, dem Münzkabinett, der archäologischen Sammlung und der Schatzkammer. Eine repräsentative Museumsgründung war um 1909 in Kronstadt das „Burzenländer sächsische Museum«.

Das Kultur- und Vereinsleben der Sachsen entfaltete sich ungehindert. Es wurde mit großer Intensität betrieben und entwickelte eine erstaunliche Vielfalt. Eine Reihe deutscher Tageszeitungen und Zeitschriften von beachtlichem Niveau wurde verlegt, der »Siebenbürgische Volkskalender«, die »Transsilvania«, die »Siebenbürger Quartalschrift« und die »Hermannstädter Zeitung«. Ab 1870 erschienen der »Kalender des Siebenbürger Volskfreundes«, das »Siebenbürgisch-Deutsche Wochenblatt« und das »Siebenbürgisch-Deutsche Tageblatt«. Es gab keinerlei Zensur und jedes Buch und jede Zeitung, ohne Rücksicht auf den Inhalt, durfte erscheinen.

Die Sachsen konnten sich in all ihren Lebensbereichen frei entfalten. Auch Ihre Verbindungen zu Deutschland und Österreich durften sie ungehindert pflegen. Sie erkannten das wohl und waren mit der ungarischen Herrschaft versöhnt.

Die Rumänen im Dualismus

Das Zurechtfinden der Rumänen im ungarischen Staat war komplizierter als das der Sachsen. Sie fühlten sich in ihren politischen Rechten zurückgesetzt und unterdrückt. Hinzu kam, daß sie von nationalgesinnten, fanatischen Wortführern angetrieben wurden. Eine Rolle spielte sicherlich auch, daß ein großer Teil der rumänischen Bevölkerung wegen seiner sehr einfachen Lebensführung und der bescheidenen Art sich zu kleiden, zu Unrecht gering geschätzt wurde, was wiederum sehr große Ressentiments bei den Rumänen gegenüber den anderen Nationalitäten erzeugte.

Die Rumänen waren, ebenso wie die Sachsen, in ihrer Haltung unterschiedlich. Ein Teil verhielt sich äußerlich politisch passiv, organisierte sich in dem Kulturverein »Astra« und gründete 1881 die rumänische Nationalpartei.

Die extrem nationalen Rumänen hatten ihr Sprachrohr in der 1884 gegründeten Zeitung »Tribuna«. Aus diesem Kreis wurde 1892 ein Memorandum an den Kaiser gerichtet, welches Beschwerden und Forderungen enthielt. Das Memorandum wurde von einer dreihundertköpfigen Delegation nach Wien gebracht. Der Kaiser empfing sie jedoch nicht, sondern ließ das Memorandum ungeöffnet an die ungarische Regierung weiterleiten. Statt die Sorgen, Probleme und Kränkungen der Rumänen erst zu nehmen, sagte man an oberster Stelle nur spöttisch: »Die Rumänen haben sich beim österreichischen Kaiser über den ungarischen König beschwert«.

Die rumänische Bevölkerung war zweifellos weniger zufrieden, als die Sachsen. Sie wollten im Einheitsstaat Siebenbürgen-Ungarn nicht eine Minderheit bilden, sondern in einem selbständigen Siebenbürgen die Mehrheit, was ihnen dann die Berechtigung gäbe, die Geschicke dieses Landes zu bestimmen.

Aber noch ein anderer Wunschtraum wurde geboren, der vom nichtrumänischen Bevölkerungsteil Siebenbürgens als absurd angesehen und auch sonst in Europa von niemandem überhaupt nur ernsthaft zur Kenntnis genommen wurde: Man wollte Siebenbürgen aus seiner geschichtlichen Zugehörigkeit zu Ungarn und den vielfältigen Verbindungen zu Westeuropa herausreißen und mit den seit 1859 vereinigten Fürstentümern Moldau und Walachei unter Alexandru Joan Cuza jenseits der Karpaten vereinen. Welch abwegiger Gedanke!

Franz Ferdinand und der Ausbruch des 1. Weltkrieges

Die unionsfeindlichen Kreise fanden Unterstützung beim Thronfolger Franz Ferdinand, der als ein Gegner der rebellischen Ungarn bekannt war. Ferdinand lehnte den Dualismus ab, denn er hatte gegen die ganze ungarische Gesellschaft erhebliche Aversionen. Er sagte: »Jeder Ungar, ob Minister, Fürst, Kardinal, Bürger, Bauer, Husar oder Hausdiener, alles ist revolutionär, alles ist Gesindel«. Selbst den großen konservativen Staatsmann, Graf Stephan Tisza, nannte er einen patentierten Vaterlandsverräter und Revolutionär. Ferdinand wollte die Umwandlung des dualistischen Staates in eine Staatsform, in der auch die slawischen Bewohner und die Rumänen an der Staatsführung als vollkommen gleichberechtigte Partner beteiligt wären. Die Ironie der Geschichte will es, daß gerade der den Slawen wohlgesonnene Thronfolger Ferdinand von einem Serben, Gavrilo Princip, ermordet wurde und daß bei seinem Tod gerade die Ungarn die größte Bestürzung und Trauer empfanden.

Auch in Budapest verlangten die Massen die Bestrafung der Drahtzieher in Serbien. Der Weltkrieg brach los, und, was niemand so recht erwartet hatte, die Ungarn wurden die aufopferndsten Soldaten und Verteidiger der Monarchie. Der spätere russische Angriff in den Karpaten wurde von Szeklersoldaten aufgehalten und zurückgeworfen.

Beim Ausbruch des 1. Weltkrieges war das junge, aus den Fürstentümern Moldau und Walachei zusammengefügte rumänische Königreich mit Österreich-

Ungarn verbündet, blieb jedoch anfangs noch neutral. 1916 schloß Rumänien mit Frankreich einen Geheimvertrag ab, in dem festgelegt wurde, daß Rumänien, wenn es Österreich-Ungarn angriffe, im Falle des Sieges folgende Gebiete als Beute zugesprochen bekäme: Siebenbürgen, Teile der ungarischen Tiefebene bis zur Linie Debrecen-Szeged, Banat und Bukovina (z. T. war in diesen Gebieten der rumänische Bevölkerungsanteil nur gering). Daraufhin drang die rumänische Armee mit 440 000 Soldaten von drei Seiten in Siebenbürgen ein, dessen Grenzen militärisch nicht gesichert waren. Die rumänische Armee wurde jedoch von General Mackensen, der auch Bukarest besetzte, vernichtend geschlagen. Die Kämpfe endeten mit einem Friedensvertrag der die Grenzen geringfügig zu Rumäniens Ungunsten veränderte.

Gemäß dem Friedensvertrag hätte Rumänien nun abrüsten müssen, was es jedoch nicht tat.

Die Abtrennung Siebenbürgens von Ungarn

Durch den Kriegsverlauf war Österreich-Ungarn im November 1918 schließlich gezwungen, einen für sich selbst ganz und gar ungünstigen Waffenstillstand mit den Westmächten zu schließen.

Der Zusammenbruch der österreich-ungarischen Monarchie traf Ungarn am schwersten. Zu den ungeheuren Kriegsverlusten an Menschenleben und Material kam der Zerfall der politischen, geistigen und gesellschaftlichen Grundlagen hinzu. Er führte zwangsläufig zu einer revolutionären Entwicklung, die die ganze innere und äußere Abwehr des Staates lähmte. Ungarn löste sich aus dem österreichischen Staatsverband und formierte sich als bürgerliche Republik. Staatspräsident wurde der linksgerichtete Aristokrat Graf Michael Károlyi, der auch in Belgrad die Waffenstillstandsverhandlungen mit dem Vertreter der Entente, dem französischen Marschall Louis-Félix Franchet d'Esperey, führte. Der aus 18 Punkten bestehende Waffenstillstandsvertrag sah eine Demarkationslinie vor, die mitten durch Siebenbürgen verlief. In dieser für Ungarn verzweifelten Situation begann die ungarische Regierung am 13. November Verhandlungen mit den Rumänen. In Arad machte der ungarische Minister für Nationalitätsfragen, Oszkar Jászi, dem rumänischen Nationalrat weitgehende Zugeständnisse. Ungarn war bereit, alle Wünsche der Rumänen in Siebenbürgen zu erfüllen. Die Rumänen forderten aber die vollkommene Abtretung Siebenbürgens. Am 1. Dezember 1918 beschloß eine rumänische Nationalversammlung in Weißenburg den Anschluß Siebenbürgens an das Königreich Rumänien.

In den Beschlüssen von Weißenburg wurden von den Rumänen den anderen Volksgruppen folgende Zusicherungen gemacht: Selbstbestimmung der Nationalitäten, Selbstverwaltung und eigene Gerichtsbarkeit, Recht auf eigene Sprachbenutzung, Kirchen- und Schulfreiheit, Teilhabe an der Regierung und Gesetzgebung.

Diese großartigen, humanen Bedingungen und das hohe ethische Pathos der Beschlüsse täuschten das Inland ebenso wie das Ausland. In der Praxis wurde von all dem kein Wort verwirklicht. Im Gegenteil, es folgte eine Entwicklung, die zu jedem Punkt der Beschlüsse im Widerspruch stand.

Die sächsische Volksvertretung stimmte im Januar 1919 in Mediasch dem Anschluß an Rumänien zu. Der Entschluß fiel den Sachsen nicht leicht, denn noch am 29. Oktober 1918 hatte der Zentralausschuß der Sachsen bekundet, »daß das sächsische Volk, getreu seiner Jahrhunderte alten Überlieferung auch in dieser schicksalsschweren entscheidungsvollen Zeit fest und unerschütterlich zum ungarischen Vaterland steht. In der klaren Erkenntnis, daß wir unserem Vaterland so wie wir sind, als Deutsche am besten dienen können, fordern wir, daß uns bei der Neuordnung der Verhältnisse, unter Wahrung vollkommener und wirklicher Gleichberechtigung und dem Schutz der nationalen Minderheiten, freier Lebensraum und volle Entwicklungsmöglichkeit gewährleistet werde, auf allen Gebieten des politischen, sozialen und kulturellen Lebens. Insbesondere ist die freie Selbstverwaltung unserer Kirche und unseres gesamten Erziehungs- und Unterrichtswesens, sowie unseres Nationalvermögens sicherzustellen und unser gesamtes kulturelles und wirtschaftliches Leben bedingungslos zu fördern und aus Mitteln des Staates zu unterstützen«.

Friedrich Teutsch schrieb in diesem Zusammenhang: »Die Heimatliebe hatte den Sachsen niemals gefehlt, diese Heimatliebe erweiterte sich zur Vaterlandsliebe. Ob das Gefühl berechtigt oder unberechtigt war, es war da: die Sachsen fürchteten, wenn der Staat, zu dem sie gehörten, zugrunde gehe, seien auch sie verloren, und was bisher nur wenige erfahren hatten, jetzt erlebten es viele, sie fühlten ihres Volkes Zukunft an Ungarn gebunden.« (Friedrich Teutsch, Die Siebenbürger Sachsen)

Der rumänische König Ferdinand erklärte am 26. Dezember 1918 in einem Dekret die Vereinigung Siebenbürgens mit Rumänien.

In der gegebenen Situation und angesichts der großen Versprechungen der Rumänen, war die Entscheidung der Sachsen, dem Anschluß an Rumänien zuzustimmen, verständlich, denn sie sahen darin die einzige realistische Möglichkeit, das Weiterbestehen des Deutschtums in Siebenbürgen zu sichern, noch dazu unter verbesserten Bedingungen, wie sie hofften.

Damals ahnte noch niemand, daß dies der Anfang vom Ende einer tausendjährigen Entwicklung war, die von dem deutsch-sächsischen Element so nachhaltig geprägt worden ist. Es wurde nicht erkannt, daß hier ein verhängnisvoller Anschluß an einen anderen, östlichen Kulturkreis erfolgte.

So schwer den Sachsen die Entscheidung, sich dem Feinde Deutschlands und der österreich-ungarischen Monarchie anzuschließen, auch gewesen sein mag, eine Weigerung hätte nichts bewirkt, denn das Schicksal Siebenbürgens entschied sich nicht im eigenen Lande, sondern in Paris.

Selbstverständlich war die gesamte ungarische Bevölkerung Siebenbürgens gegen einen Anschluß an Rumänien. Ihre Vertreter beschlossen in Klausenburg den Verbleib im ungarischen Staatsverband – ein Beschluß, der den Willen von 1,6 Mill. Menschen bekundete, was jedoch von keiner Seite in den politischen Entscheidungsprozeß einbezogen wurde.

Es sollte dann auch so kommen, wie viele befürchtet hatten. In den folgenden Jahrzehnten wurde die kulturelle Identität und die Lebensgrundlage der Sachsen Schritt für Schritt abgebaut, und für die Ungarn brachte das neue Imperium von Anfang an die schlimmste Unterdrückung, die es in Europa, ausgenommen die Judenverfolgung, für einen Volksstamm gegeben hat. Die bürgerlich-pazifistische ungarische Regierung unter Károlyi, welche die von der Front heimkehrenden Soldaten entwaffnet hatte, versuchte jetzt, da das Verhalten der Ententemächte als schweres Unrecht empfunden wurde, allerdings mit zu wenig Energie, gegen die Zerstückelung des Landes militärisch Widerstand zu leisten.

In dieser fast chaotischen Zeit formierte sich die kommunistische Bewegung. Das Bürgertum sah in ihr einerseits den Verräter nationaler Interessen, andererseits wurden auch Stimmen laut, die in ihr die einzige Rettung des Landes sahen. Als Károlyi erkannte, daß die Entente alle Vereinbarungen brach, den Nachbarländern immer mehr territoriale Zugeständnisse einräumte und seine Politik durch immer schärfere Bestimmungen zum Scheitern brachte, entschloß er sich zu einer trotzigen Verzweiflungstat. Er überließ den Kommunisten, die bis dahin zum Teil noch im Gefängnis saßen, die Macht. Man sagte, er warf bei rasender Fahrt die Zügel zwischen die Pferde.

Räterepublik und Angriffe der Nachbarländer

Am 21. März 1919 wurde in Ungarn die Räterepublik unter Béla Kun ausgerufen. Die Macht übernahmen jetzt »Kaffeehausrevolutionäre«, von einer utopischen sozialen Gerechtigkeit beseelte Idealisten, wildgewordene, machthungrige Kleinbürger und einige Linksintellektuelle ohne praktische politische Vernunft und Erfahrung, denen durch eine welterlöserische Ideologie die Sicht für die wirklichen Fragen und Probleme des Landes verdeckt war. Bald nach ihrer Machtergreifung, unter Mitwirkung des großstädtischen Mobs, entfaltete sich ein entsetzlicher Terror, der nicht nur gegen das Bürgertum, sondern auch gegen wohlhabende bäuerliche Schichten und überhaupt gegen jedes andere Denken gerichtet war. Mit Vorliebe ließ das kommunistische Regime dekorierte Kriegsteilnehmer ermorden. Zu der äußeren verheerenden Bedrohung kam jetzt auch eine innere Fäulnis.

Die Räterepublik hatte bis zuletzt keine ausreichende Massenbasis. Bei Ausbruch der Proletardikta-

tur mußte durch Plakate verkündet werden: »Die Revolution ist ausgebrochen«, was die Bevölkerung erst dann allmählich zur Kenntnis nahm. Die Regierung der Räterpublik begegnete der äußeren Bedrohung mit der Aufstellung einer »Roten Armee«, die aber keinesfalls nur aus Kommunisten bestand, denn viele sahen in ihr die einzige Möglichkeit, den Feinden des Landes entgegenzutreten. Die Rote Armee kämpfte erfolgreich gegen das eindringende tschechische Militär, drängte es zurück und führte einen siegreichen Gegenangriff durch. Der Feldzug der Roten Armee wurde aber schnell durch ein scharfes Ultimatum der Siegermächte gestoppt.

Rumänien war im Herbst 1918, drei Tage vor Beginn der Waffenstillstandsverhandlungen, am 9. November, wieder gegen Österreich-Ungarn in den Krieg eingetreten, um zu den Siegermächten zu gehören. Nun, im April 1919, überschritt die ausgeruhte und gut bewaffnete rumänische Armee die von den Siegermächten festgelegte Demarkationslinie und griff Ungarn auf breiter Front an. Dies geschah mit französischer Erlaubnis. Die Balkanarmee der Franzosen rückt nach Szegedin und in den Banat ein. Das Szeklerregiment, was wegen seiner nationalen Gesinnung und seiner Führung durch alte königliche Offiziere von der Räteregierung immer als Stiefkind behandelt worden war, leistete nun zähen und heldenhaften Widerstand gegen den rumänischen Aggressor. Erst als es schwerste Verluste erlitten hatte, mußte es sich zurückziehen. Die rumänische Armee drang bis zur Mitte Ungarns vor. Im Süden, wo inzwischen die Gegenrevolution immer stärker wurde, formierten sich die konterrevolutionären Truppen, die sogenannte »Weiße Armee«, die nach dem Zusammenbruch der Proletardiktatur unter der Leitung des konservativen Admirals Nikolaus von Horthy nach Budapest einmarschierte.

Die Abrechnung mit den Kommunisten erfolgte im großen und ganzen im gesetzlichen Rahmen, abgesehen von einigen Atrozitäten. Das rote Regime hatte aber dem Land unermeßlichen und nicht wiedergutzumachenden Schaden zugefügt. Durch die harten Friedensbedingungen beabsichtigten die Ententemächte nicht nur den Kriegsgegner zu bestrafen, sondern auch die kommunistische Gefahr, die nach Westen vordrang und die eigenen Länder zu infizieren drohte, zu bekämpfen. Während die Nachbarstaaten durch Zu-

Ilgendorf/Illyefalva, Maquette der zu restaurierenden Wehrkirche

sammenhalt und in nationaler Besinnung ihre Ziele konsequent verfolgten, teilten und schwächten die Kommunisten das Land dermaßen, daß es der äußeren Bedrohung keinen wirksamen Widerstand entgegensetzen konnte. Nach ihrem Sturz schadeten die Kommunisten ihrem eigenen Land noch dadurch, indem sie gegen Ungarn wegen des sogenannten »weißen Terrors« im Ausland Stimmung machten.

Das Diktat von Trianon

Die Ereignisse zwischen 1918 und 1920 brachten für Ungarn die tiefste Erniedrigung in seiner gesamten tausendjährigen Geschichte und Niederlagen, die nur mit der Türkenschlacht von 1526 vergleichbar sind. Der Friedensschluß, der im Geiste Wilsons das Selbstbestimmungsrecht der Völker verwirklichen sollte, nahm überhaupt keine Rücksicht auf die ethnische Zusammensetzung der Bevölkerung bei der Verteilung des ungarischen Territoriums an die Nachfolgestaaten. Die Siegermächte diktierten, ohne Einsprüche gelten zu lassen und historische und ethnische Faktoren zu berücksichtigen, ihre Bedingungen. Sie erfüllten den Nachbarstaaten Ungarns in geradezu unfaßbarer Weise die unberechtigsten und gierigsten Wünsche. So durfte sich Rumänien Siebenbürgen samt einiger Städte am Rande der ungarischen Tiefebene einverleiben, sowie große, zusammenhängende Gebiete, die von anderen Nationalitäten bewohnt waren. Damit vergrößerte sich Rumänien in einer Dimension, wie es sich auch die kühnsten Nationalisten nicht hatten träumen lassen. Die treibende Kraft bei der Festsetzung der strengen Friedensbedingungen war die französische Regierung, die der harten Linie Clemenceaus folgte.

Die meisten größeren Städte hatten keine rumänische Mehrheit. Außerdem gab es geschlossene Siedlungsgebiete, wie z. B. das Szeklerland, die fast ausschließlich von Ungarn oder Sachsen bewohnt waren. Zur Zeit des Trianoner Diktats lebten in Siebenbürgen 2,83 Mill. Rumänen, 1,66 Mill. Ungarn und 635 000 Deutsche. Außerdem kamen noch 170 000 Deutsche, die in anderen Provinzen lebten, unter rumänische Herrschaft.

Der größte Verlierer des Krieges war zweifellos Ungarn. Ihm wurden zwei Drittel seines Staatsgebietes genommen, und 3 Mill. Ungarn gerieten unter fremde Herrschaft. Dieser Vorgang ist einmalig in Europa.

Siebenbürgen unter rumänischer Herrschaft

Mit der rumänischen Machtübernahme kam auch ein neuer Verwaltungsapparat mit einer ungeschulten Beamtenschaft, der es nicht nur an Sachkenntnis, sondern auch an Rechtsbewußtsein fehlte. Es herrschten balkanische Korruption und Bestechlichkeit auf allen Ebenen und in ungeheurem Maße, die das Leben einerseits erschwerten, andererseits aber auch erleichterten, da die strenge Einhaltung der unsinnigen und volksfeindlichen Gesetze noch mehr Unheil angerichtet hätte. Die Behandlung der Nationalitäten, die schon während der ungarischen Herrschaft zu berechtigten Klagen geführt hatte, nahm jetzt krasse, fanatische und unkultivierte Formen an.

Der größte Angriff auf das Deutschtum war die Enteignung der Kirchengüter der evangelischen Kirche, die als Hort und Bewahrer der deutschen Kultur galt. Dadurch vernichtete man auch den Träger des deutschen Schulwesens. Die evangelische Kirche bzw. die sächsische Nationaluniversität büßte 55% ihres Vermögens ein.

Während die 1921 durchgeführte Bodenreform die Kirchen der Nationalitäten (evangelische, kalvinistische, katholische) sehr schwer traf, konnte die rumänische Kirche ihren Bodenbesitz vergrößern. Es war offensichtlich, daß man hier aus chauvinistischen Gründen bemüht war, die Kirchen der Nationalitäten zu schwächen, damit diese mit ihrem Vermögen und ihren Einnahmen nicht mehr, wie früher, Kultur und Bildung ihrer Volksgruppen fördern und unterstützen könnten. Zugleich enteignete man auch die ungarischen Großgrundbesitzer. Aber auch der Gemeinbesitz der Sachsen und Szekler, der in der siebenbürgischen Agrarstruktur eine wichtige Rolle spielte, wurde enteignet, wodurch die wirtschaftliche Basis der bäuerlichen Kleinbetriebe gefährdet wurde.

Die Bodenreform nützte vor allem der rumänischen bäuerlichen Bevölkerung und traf am härtesten die ungarischen Großgrundbesitzer.

Die Gesetzgebung beschränkte mit eiserner Konsequenz die Rechte der Nationalitäten und erinnert in mancher Hinsicht an die nationalsozialistischen Rassengesetze. Eine ganze Palette von Diskriminierungen wurde alltägliche Praxis. Eine Form der wirtschaftlichen Benachteiligung bestand z. B. darin, daß auf den Gebieten der Szeklerkomitate eine höhere Steuer erlassen wurde, als im übrigen Rumänien. Nicht nur die Amtssprache war rumänisch, sondern man war bemüht, auch in allen anderen Bereichen die Sprachbenutzung der Nationalitäten einzugrenzen. An den rumänischen Gerichten im Szeklerland, wo damals noch kaum jemand rumänisch sprechen konnte, waren Schilder angebracht mit der Aufschrift: »Es darf nur rumänisch gesprochen werden.« In den Betrieben mußte nicht nur rumänisch gesprochen werden, sondern es wurde im Sinne des sog. »numerus valachicus« verlangt, daß die Mehrheit der Beschäftigten rumänisch sein sollte, sowohl in den deutschen wie in den ungarischen Betrieben.

Diese Situation führte zu großen Spannungen zwischen Ungarn und Rumänien, die fast den Beginn eines neues Krieges ausgelöst hätten. Die Ungarn wollten sich mit dem Verlust von 2/3 ihres Staatsgebietes und 3 Mill. ihrer Landsleute nicht abfinden. Am allermeisten aber schmerzte sie der Verlust Siebenbürgens.

Neuordnung nach dem Wiener Schiedsspruch

Die Parolen lauteten damals: »Nein, nein, niemals« oder »alles zurück«. Um in diesem Streit eine Lösung herbeizuführen, bat die rumänische Regierung Deutschland und Italien um ein Schiedsgericht. Der Wiener Schiedsspruch erfolgte im August 1940. Nordsiebenbürgen kam mit 1,3 Mill. ungarischen, 1,02 Mill. rumänischen und etwa 45 000 deutschen Einwohnern und einem Terretorium von 43 492 qkm wieder an Ungarn. Die ungarische Armee besetzte unter großem Jubel der ungarischen Bevölkerung das genannte Gebiet. Südsiebenbürgen und damit auch das Sachsenland blieben bei Rumänien.

Am 6. September 1940 dankte der rumänische König Karl II. ab, sein Sohn Michael kam auf den Thron. Die Macht lag aber bei dem »Conducător«, dem Faschistenführer Marschall Antonescu.

Der Wiener Schiedsspruch hatte große Unruhen in der Bevölkerung ausgelöst. Über 100 000 Ungarn flüchteten aus Südsiebenbürgen in das ungarische Nordsiebenbürgen.

Etwa eine halbe Million Deutscher lebte um 1940 in Südsiebenbürgen.

Bald nach der Machtergreifung Hitlers in Deutschland und der erfolgten Annäherung Rumäniens an das Dritte Reich wurden der deutschen Minderheit Erleichterungen gewährt. Die deutsche Reichsregierung schloß mit Rumänien 1940 einen Minderheitenschutzvertrag ab, in dem die besonderen wirtschaftlichen und politischen Rechte der Deutschen gesichert wurden. Die Auseinandersetzungen innerhalb des Sachsentums zwischen den demokratisch gesinnten Gruppen und den Nazis endeten zugunsten der letzteren. Die nationalsozialistische Politik Deutschlands, die ebenso auf Ungarn wie auf Rumänien Auswirkungen hatte, brachte auch große Leiden für die jüdischen Einwohner dieser Länder. Aus Nordsiebenbürgen wurden etwa 90 000–100 000 Juden, die sich in der Mehrzahl zu Ungarn bekannten, nach Deutschland deportiert, wo sie in Konzentrationslager gesperrt und größtenteils umgebracht wurden. In Rumänien tobte sich das faschistische Antonescu-Regime aus, und die »eiserne Garde« inszenierte grausame Pogrome. Eine systematische Ausrottung geschah später aber vor allem in den besetzten russischen Gebieten, in Bessarabien, im Gebiet östlich des Dnjestr und in Odessa, wo schätzungsweise 387 000 Juden ermordet wurden, allein in Odessa waren es 35 000. Viel mehr als in Ungarn selbst wurden in Siebenbürgen gegen die unmenschliche Verfolgung der jüdischen Bevölkerung Stimmen laut. Es waren hauptsächlich Intellektuelle oder Aristokraten, vor allem aber der katholische Bischof Márton Áron. Er leistete Widerstand und protestierte öffentlich gegen die Deportationen. Dieser großartige Mann wurde ein Volksheld. Er bot später auch den Kommunisten die Stirn und setzte sich für die Rechte der ungarischen Minderheit ein. Man verurteilte ihn, und er kam für lange Zeit ins Gefängnis. Dort wurde er, mit einer Hand an seinen Fuß gefesselt, gesehen.

Der 2. Weltkrieg und Rumäniens Frontenwechsel

Rumänien und Ungarn traten auf deutscher Seite 1941 in den Krieg ein, nicht zuletzt in der Hoffnung, am Ende des Krieges auch den anderen Teil Siebenbürgens zu erhalten, was Hitler auch beiden Ländern versprochen hatte. Von beiden Teilen Siebenbürgens durften laut Vertrag wehrpflichtige Deutsche zur deutschen Wehrmacht bzw. Waffen-SS eingezogen werden.

Rumänien verhielt sich im 2. Weltkrieg genau wie im ersten. Sobald sich abzeichnete, welche Seite gewinnen würde, trat es in geheime Verhandlungen mit dieser ein, ließ sich begehrte Gebiete zusichern und wechselte die Fronten. 1944 begannen Geheimverhandlungen mit der Sowjetunion. Am 12. September wurde eine Waffenstillstandsvereinbarung getroffen, in der der Wiener Schiedsspruch annulliert wurde. Außerdem sicherte sich Rumänien die Zustimmung der Sowjets, daß im Friedensvertrag Siebenbürgen oder der größte Teil davon wieder an Rumänien angeschlossen werden solle. Dann erklärte Rumänien Deutschland den Krieg, kämpfte mit großem Einsatz gegen den Verbündeten von gestern und sicherte sich auch diesmal wieder einen Platz an der Seite der Sieger.

Durch den Frontenwechsel der Rumänen brach die Ostfront völlig zusammen, und es gab bei den kämpfenden deutschen und ungarischen Truppen große Verluste. Die ungarische Armee griff jetzt mit deutschem Einverständnis die in Südsiebenbürgen stationierten rumänischen Truppen an, die aber die Unterstützung der bereits eindringenden Roten Armee besaßen. Aus Nordsiebenbürgen, dem Nösner Land und dem Reener Gebiet flüchtete die deutsche Bevölkerung vor den vorrückenden Rumänen und Russen. So blieben von 45 000 Deutschen nur etwa 2 000 dort.

Die siegreiche Sowjetarmee entschied das Schicksal Osteuropas und damit auch Siebenbürgens. Im August 1944 formierte sich in Bukarest eine Koalitionsregierung aus Kommunisten und den bürgerlichen Parteien. In ganz Siebenbürgen wurde die rumänische Verwaltung wieder hergestellt. Gleich danach wurde 300 000 Szeklern und Ungarn, die man während der Kampfhandlungen evakuiert hatte, die ungarische Staatsbürgerschaft entzogen und ihr gesamtes Eigentum weggenommen. Bei den bürgerlichen Parteien war die nationale Bauernpartei des Juliu Maniu besonders militant und schürte den Haß gegen die ungarische Bevölkerung. Die Maniu-Gardisten veranstalteten regelrechte Grausamkeiten und Blutbäder in zahlreichen Ortschaften. Diese Mörderbanden waren im Begriff, den Ruf des rumänischen Volkes als Kulturnation zu gefährden. Die schlimmsten Ausschreitungen geschahen in Szárazajta und in Csikszentdomokos, wo Menschen mit dem Holzfällerbeil enthauptet wurden. Weder Frauen, Kinder oder Säuglinge blieben verschont.

Die Nationalitäten unter rumänischer Herrschaft

Durch diese unglaublichen Grausamkeiten erschreckt, hob die Alliierte Kontrollkommission die rumänische Verwaltung auf. Es schien nun nicht mehr ganz sicher, daß Nordsiebenbürgen wieder an Rumänien angegliedert werden würde. Die rumänische Regierung unter Petru Groza versprach daraufhin, alle Rechte der Minderheiten zu sichern. Das kulturelle Leben konnte sich entfalten, muttersprachige Schulen bis zum Hochschulniveau wurden sichergestellt. 1947 schloß der Pariser Friedensvertrag Nordsiebenbürgen wieder an Rumänien an. Von diesem Zeitpunkt an wurden alle erfolgten Zugeständnisse im Laufe der Jahre Schritt für Schritt rückgängig gemacht. Vorübergehend kam es noch nach dem Ende des kurzlebigen rumänischen Königstums (1947) zur Gründung einer formal selbständigen Verwaltungseinheit »Autonomes Ungarisches Verwaltungsgebiet«, das die vier Szeklerkomitate umfaßte, die drei Stühle, Csik, Udvarhely und Maros-

Torda, was wohl aber nur zur Blendung des Westens gedacht war. Auf diesem Gebiet bildeten die Ungarn mit 77,3% der Bevölkerung die Mehrheit, doch durch eine Umgestaltung, Dazunahme von rumänisch bewohnten Gebieten und Abtrennung ungarisch bewohnter Teile, konnte die Zahl der Ungarn auf 62% verringert werden. Im Jahre 1968 wurde diese schwache Institution der Nationalitätenfreiheit dann sang- und klanglos aufgelöst.

In der Ceauşescu-Diktatur kam es dann zu einer mit allen Mitteln geführten, die elementarsten Menschenrechte mißachtenden Diskriminierung der Nationalitäten. Ihre Vernichtung wurde auf verschiedenen Ebenen betrieben. Es gehörten dazu: Zwangsumsiedlungen, Zwangsarbeit in den malariaverseuchten Sümpfen des Donaudeltas, Schließung von Schulen und kulturellen Institutionen, das Verbot von Büchern, Zeitungen und Theatervorstellungen. Das Schlimmste aber war das offene oder verdeckte Schüren des Hasses auf die Nationalitäten, die Tolerierung von Ausschreitungen, die fast unverholene Ermunterung zu solchen und insgesamt die Schaffung einer Atmosphäre der Angst. Das Gespenst einer Bartholomäusnacht sollte die Nationalitäten von ihrer Forderung nach Menschenrechten abhalten.

Dazu kamen aber noch Mittel besonders heimtükkischer Art: fingierte Selbstmorde führender Persönlichkeiten, gänzliches Verdrehen von Tatsachen, eine im Westen unbekannte levantinische Perfidie, die manchmal auch zu barbarischen Grausamkeiten eskalierte. Das Hauptanliegen der Herrschenden war die »Homogenisierung« der Bevölkerung. Es gelang vielfach, in den Städten die ethnische Zusammensetzung durch Ansiedlung größerer Industrieanlagen zu verändern, indem man nicht die einheimische Bevölkerung einstellte, sondern Arbeiter aus den alten rumänischen Gebieten holte. Dieses Verfahren war natürlich in den dörflichen Gemeinden, wo die Nationalitäten in sich geschlossene Einheiten bildeten, kaum möglich. Da dort die Verdrängung nur langsam vor sich gehen konnte, entschloß man sich zu einer schnelleren Lösung. So wurde die wahnwitzige Idee von der Dorfzerstörung geboren. Das Auslöschen der Kultur der Minderheiten im ländlichen Raum näherte sich in seiner Qualität der physischen Vernichtung, denn kulturelle und physische Existenz sind hier miteinander engstens verknüpft.

Für die Deutschen bedeutete das Einrücken der sowjetisch-rumänischen Armee den Beginn der schwersten Leidenszeit. Das Schicksal des Deutschtums war in Rumänien schlimmer als die Vertreibung aus den anderen Ostblockstaaten. Zunächst kam die sog. »Ex-lex-Periode« von 1944 bis Ende 1948, die die deutschen Einwohner kollektiv und in entwürdigender Weise behandelte. Die Amtsträger wurden sofort interniert; die meisten kamen nie wieder. Unbarmherzig wurden alle Männer zwischen 17 und 45 Jahren und Frauen von 18 bis 30 zur Zwangsarbeit in die Sowjetunion deportiert. Die ersten kamen nach fünf Jahren, körperlich und seelisch gebrochen, zurück oder wanderten gleich nach Deutschland aus. Es folgte eine Totalenteignung der deutschen Bauern zugunsten der Rumänen. Der KP-Chef Gheorghiu-Dej nannte die Deutschen »eine Volksgruppe in der Liquidation«. Dieses Vokabular ist erschreckend, auch wenn hier keine physische Vernichtung gemeint war. Dazu gehörte das Verbot aller Volksgruppenorganisationen, der Entzug der staatsbürgerlichen Rechte, Totalenteignung (d. h. Rumänisierung) der Industrie- und Gewerbebetriebe, Wegnahme des deutschen Schulvermögens und des städtischen Immobilienbesitzes. Gemeinschaftliche Zusammenkünfte waren höchstens bei Gottesdiensten möglich. Erst ab 1948/49 gab es dann wieder Schulen mit teilweise deutscher Unterrichtssprache. Die rumänische Sprache mußte im Beruf und in allen äußeren Lebensbereichen gebraucht werden.

Die Assimilationsversuche der alten ungarischen Herrschaft erwiesen sich jetzt zurückblickend als geradezu harmlos. Gegen die ungerechten Beschlüsse der Regierung konnte man früher Widerstand leisten, protestieren, ablehnen und demonstrieren. Jetzt wurden solche Unternehmungen einfach lebensgefährlich. Das kommunistische Regime war in größerem Maße nationalistisch als kommunistisch und hatte die Ausrottung der ethnischen Minderheiten beschlossen. In der Diktatur Ceauşescus ging es nicht mehr um das Überleben der nationalen Kultur, sondern immer mehr um das Überleben überhaupt. Ceauşescu versprach: »im Jahr 2000 wird es nur noch eine rumänische sozialistische Nation geben«.

Das »deutsche Problem« in Siebenbürgen nähert sich heute durch die Auswanderung der sächsischen Bevölkerung einer Lösung, deren Tragik im Westen kaum begriffen werden kann. Der rumänische Geheimdienstchef Pacepa berichtet, das Ceauşescu sich der deutschen Bevölkerung durch Verkauf entledigen wollte. Dabei dachte er, ein gutes Geschäft zu machen und sagte: »Wir haben drei Rohstoffe, das Öl, die Deutschen und die Juden.« Die Preise waren differenziert nach Alter, Bildung etc. Wer kann es da den Sachsen verdenken, daß nach all diesen leidvollen Erfahrungen viele von ihnen zu der Überzeugung kamen, »es hat keinen Zweck mehr«. Wenn heute die sächsische Bevölkerung ihre angestammte Heimat zu Tausenden verläßt und mancher von ihnen häufig nicht einmal gern an sie zurückdenkt, zeigt das, welche kaum faßbaren Erlebnisse und Bedrückungen ihre Seele belasten. Es sind nicht die materiellen Sorgen, die die Auswanderung verursachen, obwohl sie manchmal ein menschenwürdiges Leben kaum möglich machten, sondern es ist der gewaltige Druck, die kulturelle Identität aufgeben zu müssen. Gravierende Eingrenzungen der sprachlichen Kultur und des Unterrichts, ein Dasein in ständiger Geducktheit, eine lebenswichtige Zwangsanpassung, die manchmal schlimmer ist als offene Angst, die Verhinderung der Selbstverwirklichung, all das macht es unmöglich, ein Leben nach eigener Art und eigenen ethischen Vorstellungen zu führen. Es scheint, wenn nicht ein Wunder geschieht, zum »Ende einer Mission« gekommen zu sein, die vor 800 Jahren mit einer nicht hoch genug einzuschätzenden Aufbauarbeit begonnen hatte. Die sächsische Bevölkerung hatte einen erheblichen Anteil an der wirtschaftlichen Entwicklung des Landes, dem Aufbau des Bildungswesens, der Industrie, dem Handel und insbesondere am Aufblühen der städtischen Kultur. Zwar übernahm sie nie die Führung des siebenbürgischen Landes, doch spielte sie eine wesentliche Rolle bei der demokratischen Verwaltung ihres Wohngebietes, und nicht zuletzt nahm sie an der Verteidigung des Landes gegen die Feinde, besonders die Türken, teil. Die Haltung der rumänischen Regierungen seit 1920 ist besonders unverständlich und undankbar gegenüber dem Sachsentum. Es sollte auch daran erinnert werden, daß die Sachsen es versucht haben, die Rumänen an die abendländische Zivilisation heranzuführen und Hilfe leisteten bei der Einführung der rumänischen Schriftsprache, an Stelle des Altslawischen der Kirche. Auch später, im 18./19. Jh., hat das rumänische Geistesleben von den Deutschen wichtige Impulse erhalten. Siebenbürgen erleidet mit der Unterdrückung und dem Auszug der Sachsen einen großen Verlust.

Trotz der fast immerwährenden Kämpfe, trotz der vielen Unterschiede, der Wunsch und der Wille nach friedlichem Zusammenleben war in den siebenbürgischen Nationen immer vorhanden gewesen und als Voraussetzung für das Leben in diesem Lande gesehen worden. Ausdruck davon ist die Hymne der Sachsen, von Leopold Max Moltke 1846 geschrieben:

Siebenbürgen, Land des Segens,
Land der Fülle und der Kraft,
mit dem Gürtel der Karpaten
um das grüne Kleid der Saaten,
Land voll Gold und Rebensaft!

Siebenbürgen, Meeresboden
einer längst verfloss'nen Flut!
Nun ein Meer von Ährenwogen,
dessen Ufer waldumzogen
an der Brust des Himmels ruht.

Siebenbürgen, Land der Trümmer
einer Vorzeit stark und groß!
Deren tausendjähr'ge Spuren
ruhen noch in deiner Fluren
ungeschwächtem Ackerschoß.

Siebenbürgen, grüne Wiege
einer bunten Völkerschar!
Mit dem Klima aller Zonen,
mit dem Kranz von Nationen
um des Vaterlands Altar.

Siebenbürgen, grüner Tempel
mit der Berge hohem Chor!
Wo der Andacht Huldigungen
steigen in so vielen Zungen
zu dem einen Gott empor.

Siebenbürgen, Land der Duldung,
jedes Glaubens sichrer Hort!
Mögst du bis zu fernen Tagen
als ein Hort der Freiheit ragen
und als Wehr dem treuen Wort!

Siebenbürgen, süße Heimat,
unser teures Vaterland!
Sei gegrüßt in deiner Schöne,
und um alle deine Söhne
schlinge sich der Eintracht Band!

Christliche Kultur – Gotteshäuser

Romanik und Gotik

Im christlichen Kulturraum Siebenbürgen nehmen die Gotteshäuser mit ihrer charakteristischen Architektur und als Hort des religiösen Zusammenhalts eine dominante Stellung ein. Auch im siebenbürgischen Landschaftsbild setzen sie markante Akzente und sind daraus nicht wegzudenken.

Wir werden uns hier auf eine mehr oder weniger subjektive Auswahl repräsentativer Objekte beschränken und auf eine detaillierte Darstellung der kunstgeschichtlichen Entwicklung verzichten. Wenn jedoch etwas von dem Geist und von der kulturellen Atmosphäre dieses von so viel Leid heimgesuchten Landes vermittelt werden kann, ist das Ziel der Autoren erreicht.

Die innige Verbundenheit mit der westlichen Kultur zeigt sich auf vielerlei Weise, am offensichtlichsten aber dadurch, daß alles Gebaute und künstlerisch Gestaltete sich an westeuropäischen Stilrichtungen orientiert.

Gleichzeitig mit der Entstehung des ungarischen Königreichs fiel die Orientierungsentscheidung zugunsten des Westens. Die Übernahme der Krone von Papst Sylvester II. markierte einen Anschluß an das westliche Christentum und die Absage sowohl an den byzantinisch-slavischen, als auch an den östlich-türkischen Kulturkreis. Diese schicksalhafte Weichenstellung bestimmte bis heute die kulturelle Entwicklung im Karpatenraum. Bereits in der Zeit der Romanik, als die Sachsen noch nicht im Lande waren, kamen im Gefolge der Königin Gisela, der Gemahlin Stephan d. Hl. und Tochter des bayerischen Herzogs Heinrich IV., Deutsche nach Ungarn. Stephan d. Hl. christianisierte, wie man sagte, »mit Eisen und Feuer«, d. h. mit allen Mitteln, das Land. Er teilte Ungarn in 10 Bistümer auf, und jeweils 10 Dörfer mußten eine Kirche errichten.

Weißenburg, ein Hüter der Geschichte

Stephan d. Hl. gründete 1009 das Bistum Weißenburg (Gyulafehérvár). Die Stadt ist wohl die an historischen Denkmälern reichste im Lande, ihre Geschichte geht bis in römische Zeit zurück. An ihrer Stelle befand sich ein dakisches und später römisches Verwaltungs- und Militärzentrum unter dem Namen Apullum. Nach der Christianisierung durch Stephan d. Hl. wurde die Stadt bald zum Kristallisationspunkt der siebenbürgischen Baukunst. Später, im 16. Jh., erbauten die Fürsten von Siebenbürgen hier ihre Burg, die im 18. Jh. von den Habsburgern geschleift wurde. Im 16. und 17. Jh. war Weißenburg die Hauptstadt Siebenbürgens.

Der Dom in Weißenburg ist eines der bedeutendsten Denkmäler des mittelalterlichen Ungarns. Das ursprünglich im 11. Jh. als romanische dreischiffige Basilika konzipierte Gotteshaus entsprach dem üblichen von Stephan d. Hl. erbauten Kirchentyp. Aus seiner bewegten Geschichte sollen nur einige Daten herausgegriffen werden. Der erste Bau wurde bereits im 12. Jh. erweitert und in einer neuen Form errichtet. Der Grundriß zeigt eine gewisse Verwandtschaft mit Kirchen der französischen Romanik (Aulnay, Mauriac). 1241 zerstörten die Tataren den Dom und 1277 wurde er von den aufgebrachten Sachsen angezündet. Dieses geschah am 2. Sonntag der Fastenzeit während der Messe. Die Zahl der Getöteten belief sich auf 2000. Der Domherr, die Erzdechanten und mehrere Geistliche starben den Feuertod. Das wertvolle Inventar, die kostbaren Silberkelche, die goldbestickten Meßkleider und Kreuze, wurde geraubt. Zur Strafe wurden die »ruchlosen Sachsen« vom Erzbischof von Kalocsa 1278 exkommuniziert. Trotzdem plünderten die Sachsen 1307 nochmals die Kirche. In der achthundertjährigen Geschichte des Sachsentums ist wohl der Weißenburger Dom das einzige Objekt, bei dem die Sachsen nicht als Erbauer, sondern als Zerstörer in Erscheinung treten. Bei dem Wiederaufbau der Kirche spielte ein Franzose, Johannes aus Saint Dié, eine wichtige Rolle. Der Chor der neuen Kirche wurde dann 1442 von den brandschatzenden Türken schwer beschädigt, und schließlich flog der Südturm, der als Pulverturm benutzt wurde, 1603 in die Luft.

Der Dom wurde immer wieder aufgebaut, renoviert und ergänzt. Es sind in ihr Elemente aus den verschiedenen Bauphasen von der Romanik bis zum Barock zu erkennen, die als kostbare Dokumente der Kunstgeschichte dieser Region dienen, bei deren Erbauung Deutschland, Frankreich und Italien Pate standen. Vor allem wird aber eine Beziehung zu der königlichen Werkstatt in Gran (Esztergom) sichtbar. Das Südportal zeigt die eigentümlichen gestalterischen Formen des dort entstandenen Portaltyps, der sog. »Porta Speciosa«, und die Tympanon-Reliefs darüber gehören zu den ältesten plastischen Denkmälern Ungarns. Das gotische Gewölbe und das Querhaus stammen aus dem 13. Jh.

Die Weißenburger Domkirche ist aber nicht nur als Kunstdenkmal, sondern auch als eine Zeugin der Geschichte von größter Bedeutung für Siebenbürgen. Man nennt sie das ungarische Pantheon. Hier wurden bedeutende Persönlichkeiten der ungarisch-siebenbürgischen Geschichte begraben, so die Königin Isabella, Georg Martinuzzi, die Fürsten Johann Sigismund, Stephan Bocskai, Gabriel Bethlen, Georg Rákóczi I. und die Hunyadis. In der Nähe des Domes steht das Haus des Fürsten, das ursprünglich Bischofspalast war, und in dem auch die Königin Isabella wohnte. In der Nähe befindet sich das Batthyaneum, die berühmte katholische Bibliothek.

Spuren der Romanik

Man kann vermuten, daß in diesen waldreichen Gegenden anfangs viele Kirchen aus Holz gebaut wurden, die dann aber im Laufe der Zeit verschwanden und von festeren Steinbauten abgelöst wurden. An der östlichen Grenze bergen viele kleine Kirchen in ihrem Mauerwerk noch romanische Reste. Schon in romanischer Zeit wurden in diesen grenznahen Regionen Kirchen von Szeklern errichtet, so in Csíkszentmihály, Csíksomlyó, Csíkszentmiklós, Gidófalva, Gelentz etc..

Manche sächsische Kirchen haben ebenfalls romanischen Ursprung, so Honigberg, Tartlau, Mühlbach etc. Bei Ausgrabungen unter mehreren sächsischen Kirchen, z. B. Mediasch, Urwegen, Michelsberg etc. fand man Friedhöfe mit ungarischen Gräbern, was darauf hindeutet, daß sich an diesen Plätzen vor Errichtung der Kirche schon eine ungarische Siedlung befunden hat. Für die spätere Gestaltung dieser Bauten war das aber kaum von Bedeutung.

Christlicher Orden als Botschafter der Kultur

Bei der Prüfung der baugeschichtlichen Daten der frühen Bauten zeigt sich, daß schon vor der Einwanderung der Sachsen die katholische Kirche in Siebenbürgen eine rege Bautätigkeit entfaltet hatte. Die wichtigste Rolle bei der Verbreitung der christlichen Kultur spielten die Orden. Sie waren sicherlich für die geistige Bildung im Lande von großem Nutzen, brachten aber auch vorzügliche Kenntnisse der zeitgenössischen Baukunst mit. Zu den drei frühesten Ordensbauten gehören Appesdorf, von Dominikanern 1061 errichtet, Almásmonostor und Ungarisch Klosterdorf.

Die Dominikaner, Augustiner und Franziskaner entfalteten eine emsige Lehrtätigkeit. An vielen Orten entstanden Klöster. Die Dominikaner kamen zuerst nach Hermannstadt und Bistritz, danach nach Weißenburg, Schäßburg, Kronstadt, Alvinc und Klausenburg. Die Franziskaner gründeten ihre Klöster nach dem Tatareneinfall in Bistritz, Hermannstadt, Neumarkt am Mieresch und Broos. Am besten erhalten geblieben aus romanischer Zeit sind die Kirchen in Ákos und Harina (Mönchsdorf), die in enger stilistischer Verbindung mit den west- und mittelungarischen Kirchen in Esztergom, Kolocsa und Lébény stehen.

Die Kirche von Ákos hat zwei Fassadentürme, die nur bei Bistums-, Hochstifts-, Abtei- oder Klosterkirchen üblich waren. Auch in diesem Falle ließ das Geschlecht der Ákos die Kirche für einen Orden erbauen. Sie existierte schon im 12. Jh. und war so in den Moorwäldern versteckt, daß sie für Fremde schwer zu finden war und daher von den Zerstörungen der Tataren verschont blieb. Nach einem Brand wurde sie im 17./18. Jh. renoviert.

Ein kunsthistorisch bemerkenswerter und glücklicherweise erhalten gebliebener romanischer Kirchenbau ist die dreischiffige Zisterzienser-Basilika in Michelsberg 1200–1223.

Grundsätzlich ist eine stilistische Teilung der dem westlichen Christentum verpflichteten Kunstdenkmäler nach Nationalitäten nicht berechtigt. Gestaltungsprinzipien und Formcharakter spiegeln weniger die Nationalität ihrer Schöpfer als vielmehr die Zugehörigkeit zu einer übernationalen Glaubensgemeinschaft wider, namentlich die enge Bindung an einen Orden als geistigen und künstlerischen Kristallisationspunkt. Die Nationalität der Künstler ist eine zweitrangige Frage. Sie waren einheimische Sachsen und Ungarn, nicht wenige kamen aber aus dem westlichen Europa, aus Italien, Frankreich, Polen, ja, sogar aus England; die meisten unter ihnen waren aber wohl Deutsche. Auftraggeber und Ausführende gehörten häufig verschiedenen Nationalitäten an.

Griechisch orthodoxe Kirchen

Bereits im 13.-15. Jh. sind schon einige wenige bescheidene Kirchen im südlichen Siebenbürgen im byzantinischen Stil erbaut worden. Die älteste unter ihnen befindet sich wohl in Demsdorf, gegen Ende des 18. Jhs. wurde sie mit schönen Ikonenmalereien vom Meister Simion ausgestattet wurde. Dieser sonderbare Zentralbau besteht aus einem einzigen Raum. Der Grundriß entspricht einer Kreuzkirche des üblichen makedonischen Typs. Als Baumaterial wurden Quader aus römischen Ruinen verwendet. Weitere Kirchen befinden sich in Eisenmarkt, Gurasaden und Prislop. Die letztere ist der einzig vorkommende Dreikonchenbau dieses Typus in Siebenbürgen. Die griechisch-orthodoxe Kirche in Eisenmarkt ist erst zur Zeit König Matthias Corvinus für serbische Soldaten der Garnison errichtet worden. Diese äußerst einfachen, aber meist mit Malereien geschmückten, kleinformatigen Bauten weisen nicht nur auf Armut hin, sondern auch auf die damals noch geringe Zahl orthodoxer Gläubiger.

In den Jahrhunderten nach der Landnahme der Ungarn erfolgte ein umfassender Ausbau der Verwaltung. Die politischen Verhältnisse stabilisierten sich. Das Land wurde in Komitate bzw. Stühle eingeteilt. Zur Verteidigung wurden königliche Grenzburgen erbaut. Die sächsischen Städte entwickelten sich rasch und kamen zur Blüte, wie Mühlbach, Broos, Schäßburg und Mediasch, insbesondere aber Hermannstadt, Kronstadt und Bistritz. Der gesellschaftliche, politische und wirtschaftliche Aufschwung im mittelalterlichen Ungarn war die Voraussetzung für die Entstehung eines Gemeinwesens, das fähig war, Kirchen zu bauen und zu unterhalten. Eine umfassende, sich auf alle Gebiete erstreckende enorme Entwicklung kennzeichnet die Herrschaft der Anjou-Könige Sigismund, Karl Robert und Ludwig des Großen.

Gotik mit siebenbürgischem Akzent

Noch mehr als bei den romanischen wird bei den gotischen Sakralbauten, trotz aller Beziehungen zum Westen und des bereitwilligen Schöpfens aus dessen Formreservoir, eine landestypische siebenbürgische Prägung wahrnehmbar.

Von dem Geburtsort der Gotik, der Ile-de-France, war man hier, nicht nur geographisch, weit entfernt. Selbst die Gotik in Deutschland ist viel leichter, graziler, schmuck- und zierfreudiger als in Siebenbürgen, wo man sich nur zögernd von der Romanik löste, wie dann später auch von der Gotik. Die Türme blieben, um der Wehrhaftigkeit willen, schwer, dickgemauert und viereckig. Die Turmhaube ist häufig von vier kleineren Türmen flankiert.

Die Blütezeit der gotischen Kirchenbaukunst war in Siebenbürgen das 14. und 15. Jahrhundert. Die frühesten gotischen Formen erschienen in Kerz (Zisterzienser Abteikirche), Mühlbach, Petersdorf, Tartlau und Halmagen sowie im ehemaligen Franziskaner Kloster in Bistritz. Eine enge Orientierung an die abendländische Baukunst der Zeit beweist die Hallenkirche in Kerz. Hier gewann die strenge Zisterzienser Architektur, deren Ordensregeln Armut, Demut und Gehorsam waren, mit ihren einfachen, sparsamen Bauformen einen weit nach Osten hinausgeschobenen Ableger.

Unmittelbar verwandt mit der Kerzer Kirche ist die außerordentlich schöne Mühlbacher Hallenkirche. Das Hauptschiff stammt aus dem 13. Jh. Der Chor wurde 1361–1382 wieder aufgebaut. Die Gestaltung des Hallenchores – in dieser Art ist nur die Nürnberger Sebalduskirche noch früher erbaut worden – weist deutlich auf die Schule des großen Baumeisters Peter Parler hin. Einzelheiten, wie Pfeiler und Wandgliederung, Fenstermaßwerk und Blattkonsolen lehnen sich einerseits an die Schwäbisch-Gmünder Frühzeit Heinrich Parlers, andererseits aber auch an die jüngere, böhmische Parlerhütte an. Die diaphane Struktur des Innenraumes, die zarten und schlanken Pfeiler und Rippen, der plastische Formenreichtum der Steinmetzarbeiten, Kapitelle, Fenstermaßwerk, Kopfkonsolen, Schließsteinfiguren und Fabeltiere zeigen eine erstaunliche Angleichung an die abendländische Gotik, auch in qualitativer Hinsicht.

An der Stelle des spätgotischen Chores stand früher ein romanischer Bau, den man abgerissen hat. Der neue Chor wurde auf Wunsch König Ludwig d. Gr. errichtet, woran der Schmuckhelm am Eckstein des Chorbaues erinnert.

Die Mühlbacher Bürger, die dieses einzigartige Gotteshaus erbauten, gehörten laut Überlieferung zu den ältesten der in Siebenbürgen angesiedelten Sachsen. An dem Platz einer römischen Siedlung begannen sie bereits 1150 mit dem Aufbau ihrer Ortschaft.

Mühlbach entwickelte sich durch Gewerbefleiß und Weinhandel zu einem kleinen wirtschaftlichen Zentrum dieser Gegend. König Sigismund erlaubte den Stadtbewohnern, sich mit einer schützenden Mauer zu umgeben, von der auch noch heute Teile vorhanden sind.

Die reife gotische Baukunst, die Siebenbürgen durch die Vermittlung der Prager Bauhütte erreichte, war die Orientierungsbasis für eine Reihe weiterer gotischer Sakralbauten.

Zu den ersten gotischen Bauten gehören das Querschiff der Weißenburger Kathedrale und die St. Bartholomäus-Kirche in Kronstadt, die bereits um 1250 erbaut wurde.

Die Schwarze Kirche

Das wohl bekannteste und zugleich auch in seinen Maßen mächtigste Denkmal siebenbürgischer Gotik von europäischer Bedeutung ist die Kronstädter Schwarze Kirche. Dieser stolze und majestätische Bau ist die am weitesten im Osten gelegene gotische Kirche; sie markiert zugleich die äußerste Grenze der abendländischen Kultur. Der dreischiffige Chor stammt aus dem späten 14. Jh., das Langhaus aus der Mitte des 15. Jhs.

Wie viele andere siebenbürgische Kirchen war auch die Schwarze Kirche von mehreren Erdbeben beschädigt worden, die aber alle nicht so viel Schaden angerichtet haben, wie die Brandkatastrophe im Jahre 1689, als sogar die Decke einstürzte. Sie wurde danach jedoch im originalen gotischen Stil wieder aufgebaut und erneuert. Nach dem Brand bedeckte der Ruß den ganzen Bau, daher der Name »Schwarze Kirche«. Die prachtvollen Portale sind wohl die Arbeit von Klausenburger Steinmetzmeistern. Am schönsten ist das westliche Haupttor mit besonders fein ausgearbeitetem Zierwerk, das an das Klausenburger Nordtor der Nikolauskirche erinnert. Über dem Südtor (Innenseite) ist ein vortrefflich gemaltes Fresko, die »Thronende Mutter Gottes« darstellend, im Stile norditalienischer Renaissance zu sehen. Das Wandgemälde ist eine Stiftung des König Matthias und seiner Gattin Beatrix von Aragon, deren Wappen die Seitenfelder zieren.

In der Nähe der Schwarzen Kirche befindet sich das heutige Kronstädter Rathaus, ebenfalls von unverwechselbarer Eigenart. Es stammt gleichfalls aus der gotischen Zeit, wenn auch sein Turm im 16. Jh. entstand, und seine derzeitige Erscheinung im wesentlichen vom Barock geprägt ist, und zwar von der Zeit um 1770–1774. Kronstadt ist eine der imposantesten Städte Siebenbürgens, in herrlicher landschaftlicher Umgebung gelegen. Von seiner ehemaligen respektablen Wehrhaftigkeit kündet die 1421 erbaute Stadtbefestigung mit ihren 32 Türmen und 7 Basteien, wovon der reizvolle Katharinenturm von 1559 am besten erhalten geblieben ist.

Die Kirchen zweier Hauptstädte, Hermannstadts und Klausenburgs

Ein Zentrum sächsischen Geisteslebens, des Handels und Gewerbes, sozusagen die Hauptstadt der Sachsen, ist Hermannstadt. Der ursprüngliche Name war Cibium, später Hermannsdorf und in der weiteren Entwicklung Hermannstadt; er kann von einem Ritter, oder, was noch wahrscheinlicher ist, von einem Bischof, namens Hermann hergeleitet werden. Die Stadt war der Sitz des Sachsengrafen und ein Mittelpunkt des evangelisch kirchlichen Lebens. Hermannstadt war von 1691–1791 und von 1849–1860 die Hauptstadt von Siebenbürgen. Die dortige Probstei ist eine Gründung Béla III. (1173–1196), die 1424 aufgehoben wurde.

Die stattliche gotische Hauptkirche wurde im 14./15. Jh. auf dem höchsten Punkt der Stadt erbaut. Ein so großes und repräsentatives Gotteshaus konnte sich nur ein wirtschaftlich blühendes Gemeinwesen mit weit verzweigten Kultur- und Handelsbeziehungen leisten. Die Baukosten dieser großen dreischiffigen Basilika kamen aber, wie üblich, auch durch Ablaß zusammen, doch maßgeblich war die Hilfe von König Matthias. Er schenkte Hermanstadt 1474 die ehemalige Kerzer Zisterzienserabtei und die dazu gehörenden Güter, was wohl den weiteren Bau der Kirche begünstigte.

Mindestens zwei besonders hochwertigen Kunstwerken sollte man in dieser Kirche besondere Beachtung schenken, den Wandmalereien Johannes Rosenaus von 1445, der berühmten Kreuzigung, und dem großartigen Bronzetaufbecken von Meister Leonhardus aus dem Jahre 1438, das mit 228 feinen kleinen Reliefs – Szenen aus dem alten und neuen Testament – und mit allegorischen Figuren geschmückt ist. Leider haben die späteren Restaurationen die Schönheit der Kirche etwas beeinträchtigt.

Für die ungarische Kultur in Siebenbürgen ist Klausenburg (Kolozsvár) die bedeutendste Stadt, wenn auch hier immer wieder Deutsche auf allen Gebieten der Kultur und Kunst eine nicht zu übersehende Rolle spielten. Die Stadt ist weitläufig von ungarischen Dörfern umgeben, wodurch sich die ethnische Zusammensetzung der Bevölkerung wandelte. Das deutschsprachige Element ging im ungarischen ohne Druck auf. Klausenburg war von 1790 bis 1849 und erneut von 1861 bis 1867 die Hauptstadt Siebenbürgens.

Als ein Wahrzeichen der Stadt kann die mächtige St. Michaelkirche gelten, die zu den markanten gotischen Kirchen des Landes gehört. Der Kernbau einer basilikalen Anlage stammt noch aus der 1. Hälfte des 14. Jhs. Die Kirche hat heute ein Querschiff und einen Westturm. Vielfache Erweiterungen und Umbauten erfolgten fast bis in unsere Zeit.

Die erste urkundliche Erwähnung der Klausenburger Kirche, die nach einer langen Bauzeit erst im 15. Jh. vollendet wurde, stammt noch aus dem Jahre 1349. Auf der Grundlage stilistischer Merkmale läßt sich eine Verbindung zu dem berühmten nordungarischen Dom in Kaschau nachweisen, der wiederum seine Wurzeln in der Wiener Bauhütte hatte. Der ursprüngliche Turm der Kirche war typisch siebenbürgisch mit quadratischem Grundriß und vier Türmchen, ist aber 1697 nach einem Brand durch einen Barockturm ersetzt worden. Dieser 2. Turm stand, bis ihn ein Blitzschlag 1763 traf. Erst 1837 erhielt die Kirche den heutigen neugotischen Turm.

Zur Geschichte des Landes hat die St. Michaelkirche mancherlei Beziehungen. Hier wurde der große siebenbürgische Fürst, Gabriel Bethlen, gewählt und hier verzichtet die Königin Isabella auf den Thron von Ungarn.

Eine geschichtliche Beziehung zeigt auch der Tympanon des Westtores mit der Darstellung des Schutzheiligen der Kirche, des Erzengels Michael, aus dem Jahre 1444. Unter ihm sind drei Wappen zu sehen: links das böhmische, in der Mitte das kaiserliche, rechts das ungarische Wappen. Der Kaiser des Römischen Reiches Deutscher Nation, Sigismund von Luxemburg, war zugleich ungarischer König.

Von 1556–1716 wurde die Kirche von der reformierten Gemeinde benutzt. In dieser Zeit wurden die meisten Altäre und Wandmalereien beseitigt. Später bekam die Kirche eine barocke Ausstattung.

Es gibt noch zwei weitere beachtenswerte gotische Kirchen in Klausenburg, die reformierte Kirche und die Franziskaner Kirche.

Die reformierte Kirche gehörte zu einem Minoritenkloster, welches 1486 von Matthias Corvinus gegründet wurde, der ihre Baukosten selbst trug. Sie ist die größte Saalkirche in Siebenbürgen und hat ein interessantes gotisches Netzgewölbe. Die Kirche ist mit ihrer etwas spröden, würdigen Architektur typisch für die siebenbürgisch-ungarischen Gotteshäuser. Die andere, die Franziskaner Kirche, wurde ursprünglich von Dominikanern ebenfalls in der gotischen Zeit erbaut und von den Franziskanern 1718 im Barockstil umgestaltet. Nur die Sakristei und das Refektorium stammen noch aus der frühen Bauphase. Man ist überrascht, daß hier sonderbarerweise Bauformen des englischen »perpendicular-Stils« angewandt wurden. Es mußte einer von den Mönchen aus England gekommen sein, der in der Baukunst bewandert war und hier den Baustil seiner Heimat in die Ferne verpflanzte.

In der Barockstadt Klausenburg sind kaum Bauwerke der Gotik aus den profanen Bereich erhalten geblieben. Ein interessantes weltliche Gebäude in Klausenburg aus gotischer Zeit ist das Geburtshaus von König Matthias.

Die Bergkirche in Schäßburg

Zu den schönsten Städten Siebenbürgens zählt Schäßburg, die »Perle des Kokel«, die in ihren Mauern ebenfalls einige bedeutende gotische Denkmäler bewahrt.

Ihre Lage ist einzigartig und malerisch, inmitten von Bergen und Tälern. Die Kirchtürme und Basteien, die mittelalterliche, ehemals mit 16 Wehrtürmen besetzte Burgmauer, der reizvolle Uhrturm (in der heutigen Form aus dem Jahre 1627), die engen Gäßchen und steilen Treppen, die noch bis heute gut erhaltenen Häuserreihen aus Spätgotik, Barock und Biedermeierzeit machen diese Stadt zu einem besonderen Erlebnis. Hier scheint die Zeit stehengeblieben zu sein. Der Treppengang »Schultreppe« führt zu der berühmten Bergkirche hinauf, deren Chor noch aus dem 14. Jh. stammt. Wie so oft, war auch hier die Vorgängerin eine kleine romanisch-ungarische Kirche gewesen.

Die Schäßburger Bergkirche ist eine dreischiffige Hallenkirche mit Netzgewölbe. Sie steht mit der St. Elisabeth-Kirche in Kaschau und mit der St. Michaelkirche in Klausenburg in stilistischer Verbindung. Ihre reiche Ausstattung enthält u. a. gotische Fresken, prachtvolle Renaissance-Grabmäler und einen Flügelaltar von Johann Stoß.

In Schäßburg sollte man auch die ehemalige Dominikaner-Klosterkirche besuchen, die aus dem 13. Jh. stammt und im 17. Jh. umgebaut wurde. Ein bronzenes Taufbecken von 1440, ein prachtvoller Barockaltar und eine wertvolle Sammlung von Orientteppichen sind hier für den Kunstfreund eine Augenweide.

Mediasch

Südwestlich von Schäßburg, im Tal des Großen Kokel, liegt die ehemals reiche Weinbaustadt Mediasch. An dieser Stelle befand sich ursprünglich ein römisches Kastell. Bis Mitte des 13. Jhs. gehörte Mediasch zum Szeklergebiet unter dem Geschlecht der Medgyes. Die Szekler wurden ausgesiedelt, ab 1267 sind hier Sachsen ansässig. Wie so häufig in Siebenbürgen, sind auch in Mediasch Stadt- und Landesgeschichte ineinander verwoben. Hier nahm der Woiwode Ladislaus 1307 König Otto samt Krone gefangen. Der berüchtigte Reichsverweser Gritti wurde hier geköpft, nachdem seine Truppen von der siebenbürgischen Armee gechlagen worden waren, und der von ihm gedungene Mörder des Bischofs von Várad, Orbán Dóczi, nach der Einnahme der Stadt gehängt worden war. In Mediasch wurden Stephan Bocskai und Sigismund Báthory zu Fürsten gewählt, und viele Landtage wurden in dieser Stadt abgehalten.

Der große Sachsensohn, Stephan Ludwig Roth, wurde hier 1796 geboren; sein Geburtshaus blieb erhalten.

Inmitten der Kirchenburg steht die spätgotische evangelische Kirche aus dem 15. Jh, die der Heiligen Elisabeth geweiht ist. Ihr Kirchturm ist mit 74 m der höchste des Landes. In diesem Turm hielt Matthias Corvinus den walachischen Fürsten Vlad d. Pfähler gefangen. Der große Flügelaltar aus der Zeit um 1480 ist nach Stichen von Martin Schongauer gemalt worden. Neben der Kirche befindet sich ein Glockenturm von Ende des 17. Jhs.

Bistritz

Ein anderes wichtiges Zentrum des sächsischen Siedlungsgebietes ist Bistritz.

Auch hier hatte die Siedlung einen römischen, wenn auch bescheidenen, Vorgänger.

Bistritz war vermutlich die letzte sächsische Gründung in Siebenbürgen, sie geht auf das Jahr 1206 zurück. Die angesiedelten mitteldeutschen Bergleute gaben der Stadt den Namen Nösen. Sie wurde 1241 von den Tataren verwüstet, die 6014 Einwohner töteten. Nach ihrem Wiederaufbau durch König Karl Robert begann sie sich dann prächtig zu entwickeln.

Ladislaus V. gründete in Bistritz 1452 die Grafschaft Nösen, König Matthias verschenkte die Stadt an seinen Onkel Michael Szilágyi, wodurch die Bewohner ihre Freiheit bedroht sahen und rebellierten. Als Vergeltung raubte Szilágyi die Stadt aus und zündete sie an. Matthias aber ließ seinen Onkel verhaften, warf ihn ins Gefängnis und gab den Sachsen die Freiheit wieder zurück.

Die evangelische Pfarrkirche in Bistritz besitzt noch alte Teile aus dem 14. und 15. Jh., die bei der Renovierung (um 1560) von dem Baumeister Petrus Italus aus Lugano in den Bau integriert wurden. Bis heute hat sich die Form der Kirche dann nicht mehr verändert. Die breitgewölbte Hallenkirche mit stern- und netzförmigen Ziegelrippen vermittelt ein großzügiges Raumerlebnis. Am westlichen Portal sowie an den beiden Seitenportalen vermischen sich Formen der Spätgotik und Renaissance.

Bistritz war übrigens die einzige Stadt, die dem kaiserlichen General Basta Widerstand geleistet hat. Sie wurde aber doch eingenommen und mußte die schreckliche Rache der Eroberer ertragen.

Kirchburgen

Noch mehr als die großen städtischen Kirchen sind es die Kirchburgen, die die eigentümliche siebenbürgische Lebens- und Wesensart verkörpern und dem Besucher ein unvergleichliches Erlebnis bereiten. Sie sind ein Ausdruck der Gefährdung und Wehrhaftigkeit, aber auch des solidarischen Zusammenhalts der Gemeinden.

Die beeindruckendsten und großartigsten Kirchburgen sind von den Sachsen erbaut worden, wenn auch zahlreiche, wohl nach sächsischem Vorbild, von den Ungarn errichtet worden sind. Fast jedes Dorf auf dem Königsboden besitzt eine Wehrkirche. Sie sind ureigene siebenbürgische Bauten, die man außerhalb dieses Gebietes in Westeuropa nur vereinzelt trifft. Sie zeigen eine so große gestalterische Vielfalt wie kein anderes Bauwerk sonst, weil sie sich immer den schon bestehenden architektonischen Gegebenheiten und der geographischen Lage anpassen mußten. Die Erbauungszeit der Kirchburgen reicht vom 13. bis zum 16. Jh.

Nach der Eroberung von Adrianopel im Jahre 1366 hat angesichts der Türkengefahr König Sigismund die Befestigung der Städte verordnet und die Sachsen begannen, besonders nach der Belagerung von Mühlbach (1438), ihre Kirchenburgen zu erbauen.

In der einfachsten Form wurde die Kirche selbst als Festung umgebaut, indem man über dem Deckengewölbe von Chor und Schiff ein Wehrgeschoß errichtete und das Ganze mit einer einfachen Ringmauer umgab. Beispiele hierfür sind Bußdorf bei Mühlbach, Wurmloch, Draas, Arkeden u. a.

Die zweite Gruppe der Kirchburgen ist die meist verbreitete Form, bei der Chor oder Schiff um zwei bzw. drei Wehrgeschosse erhöht wurde, wie z. B. in Deutsch-Weißkirch, Heltau, Birthälm und Agnetheln. Um die Kirche herum befinden sich ein bis drei Ringmauern, Wehrtürme und häufig Wassergräben.

Es gibt noch eine dritte Gruppe von Kirchburgen, die dadurch gekennzeichnet ist, daß die Kirche selbst nicht festungsmäßig ausgebaut wurde, um sie herum aber ein Verteidigungsgürtel von zwei bis drei breiten Ringmauern mit Basteien und runden oder eckigen Wehrtürmen gezogen wurde. Die Ringmauern haben eine Stärke von ca. 4,50 m und erreichen eine Höhe bis zu 17 m. Kirchburgen dieses Typs finden sich in beispielsweise Tartlau, Honigberg Großau.

Der Wehrhaftigkeit dienten Schießscharten, Pechnasen, Gußschlitze, Falltore und Zugbrücken. An der oberen Innenseite der Ringmauern verlaufen überdachte hölzerne Wehrgänge, unter denen Vorratskammern liegen. Auch die Wehr- oder Kirchtürme wurden innen mit gemauerten oder hölzernen Umläufen versehen, zu denen Wendeltreppen oder in die Kirchmauer eingelegte Treppen führten. Eine häufige Erscheinung ist, daß der Chor mit mehreren Wehrgeschossen überbaut wurde und dadurch über das Schiff weit hinausragt, was wie ein zweiter Kirchturm wirkt.

Diese Anlagen wurden von der Gemeinde erbaut und instandgehalten. Sie mußten bei einem Angriff die ganze Gemeinde aufnehmen und auch Platz für das Vieh bieten. Jede Familie bekam eine der Vorratskammern, die auch in friedlichen Zeiten gefüllt waren, weil bei einem Überfall oft keine Zeit blieb, Vorräte zu transportieren. Man wollte immer vorbereitet sein, auch eine längere Belagerungszeit zu überstehen. Selbstverständlich war für das Trinkwasser gesorgt, der Brunnen wurde oft sogar im Kirchenraum angelegt.

In den meisten Kirchburgen ist auch eine Schulstube oder ein Schulturm zu finden, wohl nicht um die Kinder auch während einer Belagerung unterrichten zu können, sondern weil dies die allgemein für Schulzwecke vorgesehenen Räume waren, die meistens in der Nähe der Kirche lagen.

Diese bewunderungswürdigen Bauten verraten den ganzen technischen Stand dieses Zeitalters und zeugen vom Fleiß und den Fertigkeiten ihrer Erbauer.

Festes Mauerwerk, vorzügliche Zimmermannsarbeiten und Beschläge, Schlösser, Türbänder und Türdrükker zeigen ein hohes handwerkliches Niveau. Daß hier aber starke wehrhafte Mauern und nicht Schmuckfreude im Vordergrund standen, versteht sich von selbst.

Außer diesen Kirchburgen gab es auch größere Burganlagen ohne Kirche, die sogenannten Bauernburgen, die bei Gefahr die gesamte Bevölkerung von mehreren Ortschaften aufnehmen konnten. Die größte Anlage dieser Art bestand in Rosenau, weitere kleinere sind in Reps, Keisd, Stolzenburg.

Die großartigsten Beispiele der sächsischen Kirchburgen sind vielleicht Heltau, Tartlau, Honigberg und Birthälm (Berethalom). Die drei Letztgenannten sollen etwas näher betrachtet werden.

Die Kirchburg Tartlau

Ungeheuer kraftvoll und würdig erscheint die Kirchburg zu Tartlau, deren Kirche den Namen »Auffindung des Heiligen Kreuzes« trägt. Die Anlage liegt etwa 20 km nordwestlich von Kronstadt an der Ostgrenze des Burzenlandes. Bereits in der Mitte des 13. Jhs. wurde in Tartlau eine Kirche gebaut, die der Kerzer Zisterzienserabtei unterstellt war. Dieser frühgotische Bau fällt durch seine einmalige Grundrißgestaltung aus dem Rahmen. Er besaß keine Schiffe, sondern war ein Zentralbau mit drei gleichförmigen Kreuzarmen. Über der Vierung erhob sich ein achteckiger Turm. Dieser Bau wurde wohl zu Anfang des 16. Jhs. durch einen westlichen Kreuzarm verlängert und von einem Netzgewölbe überdeckt, wodurch die einheitliche stilistische Raumwirkung etwas gestört wurde. Die Umfassungsmauer entstand auch in dieser Zeit, sie war, um weiteren Schutz zu bieten, von einem Wassergraben umgeben. Die Stärke der Mauer ist beeindruckend, sie ist 5 m tief und 12 bis 14 m hoch. An der Innenseite hat man Kammern eingebaut, von denen heute noch 275 vorhanden sind. Die Kirche besitzt ein zeitgenössisches Altarbild mit Szenen aus dem Leben Jesu.

Trotz der großartigen Befestigungsanlagen bot auch diese Wehrkirche nur bedingt Schutz, sie wurde von dem Moldauer Woiwoden Peter Rareş 1552 belagert und angezündet. Bis zum 19. Jh. mußten sich die Bürger von Tartlau gegen Belagerer wehren.

Die Kirchburg Honigberg

8 km nordöstlich von Kronstadt liegt Honigberg, laut Überlieferung die älteste sächsische Ortschaft im Burzenland, in alten Urkunden Mons-melis genannt. Die dreischiffige, ursprünglich romanische Kirche wurde später gotisch umgebaut. Die Schutzmauer stammt aus dem 15. Jh. Unter den Kriegswirren hatte Honigberg schwer zu leiden. Auch diese Kirchburg wurde von Peter Rareş, dem Moldauer Woiwoden 1552 angezündet und außer ihm wüteten Michael Viteazul und General Basta hier. Gabriel Báthori belagerte 14 Tage lang die Befestigungsanlage ohne Erfolg, zündete aber das Dorf an. Den Moldauern und Kurutzen konnte die

Burg erfolgreich Widerstand leisten. Erst 1848 wurde sie von den aufständischen Ungarn eingenommen, wobei ein erheblicher Teil der Verteidiger getötet, ein anderer Teil in Gefangenschaft genommen wurde.

Die Kirchburg Birthälm

Wohl die schönste Kirchburg liegt inmitten der Ortschaft Birthälm, auf einem Hügel, weit über das Land hinwegschauend, südlich des Großen Kokel. Die Kirche, zunächst katholisch, wurde Ende des 15., Anfang des 16. Jhs. erbaut. Die Wappen des Königs Wladislaus (1490–1516) und des Woiwoden Johann Zápolya (1510–1526) über dem West-Portal lassen vermuten, daß der Bau in den Jahren 1510–1516 beendet worden ist. Es ist eine dreischiffige Hallenkirche mit oktogonalen Pfeilern und Sterngewölben, ihr Chor ist mit einem Netzwerk überwölbt. Der große Flügelaltar mit 28 Gemälden gehört zu den aufwendigsten seiner Art im Raum Siebenbürgens.

Die starke Befestigung der Anlage ist dadurch bedingt, daß Birthälm von 1572 bis 1867 Bischofssitz der sächsisch-evangelischen Kirche war. Danach verlegte der neu gewählte Bischof Georg Daniel Teutsch sein Bistum nach Hermannstadt. Ursprünglich war die Kirche von einem dreifachen Schutzwall umgeben, dessen äußere Mauer heute nur noch teilweise erhalten ist. Der Eingang führt durch den Torturm und den westlichen Turm. Der innerste ovale Mauerring trägt vier quadratische Türme.

Kirchburgen der Ungarn

Die Ungarn folgten dem Beispiel der Sachsen, ihre Kirchen wehrhaft auszubauen, nur in begrenztem Maße. Eine größere Zahl von Wehrkirchen und Kirchburgen wurde hauptsächlich in den von Szeklern bewohnten Grenzgebieten errichtet. Székelyderzs, Zabola, Ilgendorf (Illyefalva), St. Georgen (Sepsiszentgyörgy) und Kézdiszentlélek (ursprünglich noch aus dem 14. Jh., später vergrößert) sind einige Beispiele ungarischer Kirchburgen. Die meisten Kirchenbefestigungen im Szeklerland sind im 16. Jh, in Nord- und Mittelsiebenbürgen erst in der unruhigen Zeit des 17. Jhs. nach der Einnahme von Großwardein (Vàrad) durch die Türken entstanden. Eher freundlich als abweisend martialisch wirken die Wehrkirchen in Nordsiebenbürgen in Kalotaszeg. Auch diese Befestigungsarchitektur wurde durch das Volk errichtet. In dieser Gegend bestand wegen der dort verlaufenden Landstraße Klausenburg – Großwardein ein erhöhtes Schutzbedürfnis. Die naheliegenden Befestigungen von Großwardein, Klau-

Grabmal der Barbara Theilesius, Ehefrau des evangelischen Stadtpfarrers von Mediasch, von Elias Nicolai, Stadtpfarrkirche Mediasch

senburg, Thorenburg und zahlreiche weitere Burgbauten dienten als anregende Vorbilder.

Neben Heynod (Bánffyhunyad) ist Magyarvalkó eine typische Wehranlage mit einem von Bollwerken geschützten Eingang, einem Befestigungsturm in den der Kirchenraum hineinreicht, Basteiwehrgängen und Schießscharten.

Wandmalereien

Die Übermittlung der Glaubenswahrheit in den Gotteshäusern, die Erklärung und Verbildlichung der christlichen Lehre, fand in Siebenbürgen in ähnlichen Bahnen statt wie im übrigen Europa. Die religiösen Themen in der Malerei sind hier mehr oder weniger die gleichen wie in anderen christlichen Ländern, wenn auch öfters bestimmte Bildinhalte oder bevorzugt ungarische Heilige dargestellt werden. Wohl das älteste der erhalten gebliebenen Fresken, noch aus romanischer Zeit, ist in Hamruden zu finden, welches Christus, Maria umarmend, darstellt. Bekannte Bildzyklen befinden sich weiterhin in der von der Familie Apafi gestifteten Kirche in Malmkrog. Die Themen sind hier das Leben Jesu, die St. Georgslegende, Genesis-Szenen und heilige ungarische Könige. Diese Darstellungen der christlichen Erbauung haben künstlerische Züge, die auf Italien hinweisen, namentlich auf die Lombardei, wobei aber sicherlich Codexillustrationen als Vorbilder dienten. Die meisten Wandmalereien sind im Szeklerland erhalten geblieben. Ein häufig gestaltetes und sehr beliebtes Thema war das Leben des heiliggesprochenen ungarischen Königs Ladislaus. Von den vielen Orten, in denen sich solche Fresken befinden, seien hier nur einige genannt: Gelentz, (14. Jh.), Székelyderzs (1419), Ménaság. Die biblischen Darstellungen in der kleinen romanischen Saalkirche in Gelentz (13. Jh., Chor aus dem 16. Jh.) sind von besonderer künstlerischer Relevanz. Im Schiff sind ein Fries mit Passionsszenen (Geißelung, Kreuzigung) und darüber die Ladislauslegende (Zweikampf, Tötung des Kumanen durch das befreite Mädchen) erhalten geblieben. Die einzelnen Motive sind durch einen Zierbaum getrennt.

Besonders beachtenswert sind die Fresken von Székelyderzs (1419). Auffallend ist, mit welch liebevoller Behandlung hier die dekorativen Details bedacht worden sind, besonders an Kleidern und Waffen. Sie werden in der Fachliteratur als Vorläufer der so reizvollen Volksmalerei bezeichnet. Natürliche Schmuckfreude und Laubornamentik sind auch bei den schönen Wandmalereien in Magyardálya (um 1500) zu finden.

Sehr interessant ist die dekorative Ordnung des Darstellungsprogramms in dem gotischen Anbau der romanischen Kirche in Csíkménaság. In den einzelnen Feldern des Netzgewölbes sind weibliche Heilige abgebildet, Barbara, Maria Magdalena, Katharina, Helene, Margarethe, Anna, Klara und Susanna, eine Auswahl, die sicherlich mit der Frauenverehrung der Ritterzeit zusammenhängt. Übrigens steht hier auch der wohl späteste gotische Flügelaltar Europas, aus dem Jahr 1543, für dessen Darstellungen Stiche von Dürer als Vorbilder dienten.

Auf dem Königsboden finden sich bedeutende Wandmalereien unter anderen in Birthälm und Schäßburg. Ein besonders prachtvolles Beispiel für siebenbürgische Wandmalerei ist in der Schwarzen Kirche in Hermannstadt zu sehen, ein Werk des Johannes Rosenau aus dem Jahre 1445. Die Ikonographie seiner »Hermannstädter Kalvaria« weist manche heimatlichen Züge auf. Man sieht ungarische Trachten, Typen und Könige, sogar das Landeswappen, was auf den einheimischen Künstler hinweist. Sein Malstil ist von flämischer Detailtreue durchdrungen.

Altäre

Die Altäre wurden immer mit besonderer Ehrfurcht und Sorgfalt gestaltet, weil sie in den Gotteshäusern den Mittelpunkt für Anbetung und Andacht bilden. Eine beachtlich große Zahl besonders schöner Beispiele ist uns in Siebenbürgen erhalten geblieben, obgleich viele durch kriegerische Auseinandersetzungen, Reformation etc. verlorengingen. Besonders die von Ungarn bewohnten Gebiete sind von Verlusten betroffen.

Von der Mitte des 15. Jhs. an tritt in Siebenbürgen an Stelle der an den Wänden plazierten Bildzyklen die Tafelmalerei als beherrschende Gattung. Die Ausstrahlung des nordungarischen Kaschau ist von dominierender Wirkung, zugleich wird aber auch eine Verbindung mit der deutschen Kunst erkennbar. Graphische Vorbilder von Dürer und Schongauer sind hier vielfach nachweisbar, wie z. B. in Tartlau (1450), Mediasch (um 1480), Marienburg (1500–1510) und Tatarloch (1508).

Ein frühes Hauptwerk der kirchlichen Tafelmalerei ist der Garamszentbenedeker Altar, der Eigentümlichkeiten sowohl deutscher wie auch italienischer Kunst enthält. Er ist aber lt. Signatur ein Werk des Ungarn »Thomas de Colosvar« aus dem Jahre 1427 und befindet sich heute im Museum von Gran (Esztergom). Körperdarstellung und natürliche, perspektivisch richtige Bewegtheit der Figuren zeichnen dieses Werk aus, wodurch es als ein Vorläufer der Renaissance gilt.

Die kirchliche Kunst erlebte in Siebenbürgen im ersten Viertel des 16. Jhs. eine Blütezeit. Manches wurde von auswärtigen Künstlern geschaffen. Drei Söhne von Veit Stoß waren in Siebenbürgen tätig, einer als Bildschnitzer in Kronstadt, ein anderer hatte eine Malerwerkstatt in Schäßburg und ein dritter arbeitete als Goldschmied in Mediasch und Schäßburg. Zu den bemerkenswerten künstlerischen Ergebnissen gehören auch Werke der Plastik, wie die schönen Madonnenfiguren in Hermannstadt und Michelsberg.

Führend waren die Sachsen bei der Gestaltung von Flügelaltären. Die beachtlichen Leistungen auf diesem Gebiet, das gleichsam Malerei und Plastik umfaßt, beweisen die künstlerisch kulturellen Verbindungen der Sachsen zu dem Mutterland.

Der aus 28 Bildtafeln bestehende Altar der Marienkirche in Birthälm (1515) ist mit seinem reichen ikonographischen Programm einer der interessantesten und gehört zu den wenigen, die die Reformation überstanden haben. Als Quelle für die meisten Szenen der Schilderung des Marienlebens erwies sich der Wiener Schottenaltar. Ein ähnliches ornamentales Schema hat auch der Bogeschdorfer Altar von 1518.

Der aufwendigste und figurenreichste Altar in Siebenbürgen befindet sich in der Kirche von Mühlbach und ist mit seiner Höhe von 13 m auch der größte in Siebenbürgen. Aufgrund des Wappens von Ludwig II. wird er zwischen 1516 und 1526 datiert. Die geschnitzte Darstellung der Wurzel Jesse im Mittelteil ist eine Replik, das Original wurde erst neuerdings in einem kleinen Dorf wieder aufgefunden. Eine stilistische Beziehung zu Nordungarn, zu Paul von Löcse und der Veit-Stoß-Schule ist erkennbar, während die Tafelmalereien sich mehr der Donauschule annähern.

Da uns bei diesen Altären eine wesenhafte Manifestation deutscher Gläubigkeit und Kunstfertigkeit entgegentritt, müssen einige von den vielen zumindest erwähnt werden. Es sind die Altäre von Schaas (1520–1525) und Schäßburg (1520, Johann Stoß, dem Sohn Veit Stoß', zugeschrieben), Gross-Schenk (1521), Heltau (1525), Helsdorf (1530). Diese Altäre beharren meist in den Formen der spätgotischen Flügelaltäre, wenn auch im Aufbau und in der Zierde hier und da schon Einflüsse der Renaissance erkennbar sind.

Nach der Reformation entstanden verhältnismäßig spät, erst im 17. Jh., neue Altäre, nachdem die umstrittenen religiösen Fragen wie z. B. das Weglassen der katholischen Heiligen, geklärt waren. Zu nennen sind hier Dobring (1629), Durles (1633), Agnethlen (1650), Kleinschenk (1655), Meschendorf (1661), Kleinschelken (1665). Obwohl diese Altäre schon barocke Formelemente aufweisen, halten sie sich doch nach wie vor im wesentlichen an das Schema des spätgotischen Flügelaltars.

Besondere Aufmerksamkeit verdient der Hammersdorfer Altar, heute in Klausenburg, von Sigismund Möß, der schon den neuen Typus der Renaissance-Altäre vorstellt. Von den wohl wenigen ungarischen Altären aus dem Szeklerland sind nur einige übrig geblieben. Von sehr guter Qualität ist der Altar von Sommerburg (Székelyzsombor) um 1540. Diese Altäre sind mehr oder weniger unter sächsisch-deutschem Einfluß entstanden, wie in Csíkszentlélek 1510, Csikménaság 1543 und Csíksomlyó.

Die Malerei der Renaissance hat verhältnismäßig wenig Bedeutendes geschaffen. Ein schönes Beispiel ist der Altar von Csíkdelne 1675. Bei den meisten dieser Werke tritt nicht die Kirche, sondern der Fürstenhof als Auftraggeber auf.

Unter den großen repräsentativen Altären, die schon die Formen des reifen Barocks zeigen, ragt der Hauptaltar der Klosterkiche in Schäßburg hervor, ein Werk von Jeremias Stranovius und Johannes Vest, um 1680.

Byzantinische Malereien in rumänischen Kirchen

Zu Unrecht werden sowohl von ungarischer wie von sächsischer Seite die malerischen Zeugnisse der rumänisch-byzantinischen Orthodoxie etwas übersehen. Allerdings sind diese Bilder, da sie einen in diesen Kulturraum allmählich eingepflanzten fremden Kulturkreis vertreten, nur spärlich vorhanden. Die orthodoxen Gläubigen bildeten lange Zeit noch eine Randgruppe außerhalb der ständischen Gesellschaft. Die Schöpfer dieser Werke waren vermutlich wandernde griechische oder russisch-serbische Künstler. Während diese Arbeiten in der Kunst Siebenbürgens nur marginale Bedeutung haben, sind sie für das Rumänentum Sinnbilder der eigenen kulturellen Identität. Schöne Ikonen befinden sich in Liebfrauen, Criscior, Ribita, Prislop, Demsdorf, Gurusad. Die Ikonenmalerei spricht im Inneren der Kirchen von unverfälschter byzantinisch-orthodoxer Gläubigkeit.

Alle diese Zeugnisse der byzantinischen Wandmalerei befinden sich in Südsiebenbürgen in dem Hunyader Komitat, in den Kirchen kleiner Ortschaften, die alle voneinander nicht weit entfernt sind. In Liebfrauen befinden sich Szenen des Marienlebens in einer reformierten Kirche und stammen aus dem Anfang des 15. Jhs., als die Kirche im Besitz einer Knesen-Familie war. Die orthodoxe Nikolauskirche in Ribita hat 1417 Wladislav gestiftet. Er und seine Tochter Anna sind dort dargestellt, weiterhin Stephan d. Hl. und dessen Sohn Emerich.

Ganz in der Nähe liegt Criscior. Die dortigen Passionsszenen im Stil byzantinischer Maltradition stehen stilistisch in enger Verwandtschaft den Malereien in Ribita.

Bildhauerkunst – Grabmäler, eine Domäne der sächsischen Bildhauer

Die Bildhauerkunst in Siebenbürgen hatte bei der Ausschmückung und Ausstattung der Kirchen, aber auch bei der Sinngebung, immer eine wichtigere Rolle gespielt als die Malerei. Bereits in der Romanik erreichte die Plastik ein bemerkenswertes Niveau. Die Portale, Kapitelle etc. zeigen schon einen entwickelten Stand plastischer Formgebung, und man darf im 12. Jahrhundert eine leistungsfähige einheimische Werkstatt voraussetzen, die sich nach Wien, Jâk, Buda und Magdeburg ausrichtete. Später, im 14. Jahrhundert, war die plastische Ausstattung und der figurale Schmuck der gotischen Kirchen, sowohl innen als auch außen, alles andere als üppig. Eine Ausnahme bildete das Zentrum der »deutschstämmigen« Bildhauerkunst in Mühlbach. Vielleicht nirgendwo sonst in Siebenbürgen ist der Gesamteindruck einer gotischen Kirche so bereichert worden durch eingefügte Steinmetzarbeiten, Kapitelle, Schlußsteine und Konsolen, wie hier. Sie sind mit plastischem floralen und figuralen Schmuck versehen, die ebenso wie die Fenstermaßwerke und die gotischen Blendornamente durch ihre hohe Qualität überzeugen.

Die Brüder Georg und Martin aus Klausenburg

Die beiden Bildhauer, die Brüder Georg und Martin aus Klausenburg, Söhne des Malers Nikolaus, gehören wohl zu den größten Künstlern, die das Land je hervorgebracht hat. Ihr Hauptwerk befindet sich jedoch nicht in Siebenbürgen. Es ist das weltberühmte Reiterstandbild des drachentötenden Hl. Georg (1373) und steht im Hradschin in Prag. Ludwig d. Große machte es Kaiser Karl IV. zum Geschenk. Über das Wirken der Brüder Georg und Martin besitzen wir nur spärliche Angaben. Wir wissen, daß mehrere ihrer Arbeiten den Türkenkriegen zum Opfer fielen, darunter die Figur des Hl. Stephan, die seines Sohnes Emerich und das Standbild des Königs Ladislaus.

Das Reiterstandbild des Hl. Georg ist nicht nur von hoher ästhetischer Qualität, sondern es ist auch ein wichtiges Denkmal der europäischen Kunstgeschichte. Es ist die erste freistehende Reiterfigur in der christlich-abendländischen Kunst. Die berühmten italienischen Arbeiten ähnlicher Art von Donatello, Verrocchio und Leonardo sind erst später entstanden. Der hohe künstlerische Rang dieses Werkes, das zu den markantesten

Beispielen der Kunst Mitteleuropas zählt, wird durch den lebensnahen Charme der Gestik, die natürliche Grazie der Bewegung und durch den feinen Realismus der Details an der Rüstung des Heiligen sowie am Zaumzeug, sichtbar.

Die Nationalität der Künstler ist umstritten. Für die Annahme, sie seien deutschstämmig, spricht die ursprünglich deutsche Beschriftung des Prager Standbildes, die den Herkunftsort der Künstler, Klausenburg, in mundartlicher Fassung wiedergibt. Bei ihren anderen Werken, welche ungarische Könige und Heilige darstellten, den Heiligen Stephan, den Heiligen Ladislaus und den Prinz Emerich, die vor der Kathedrale in Großwardein aufgestellt waren, lautete die Ortsangabe ungarisch »de Colosvar«. Die deutsche Beschriftung könnte dadurch erklärt werden, daß das Georg-Denkmal dem deutschen Kaiser Karl IV. geschenkt wurde. Im Detail zeigt diese Reiterfigur Verwandtschaft mit der Ziseliertechnik ungarischer Goldschmiede.

Grabmäler

Das Haupttätigkeitsfeld der Bildhauerkunst lag im Bereich der Grabplastik. Auf diesem Gebiet wurde handwerklich und künstlerisch ein beachtliches Niveau erreicht. Etwa dreihundert kunstvoll gestaltete Grabplatten sind aus der Zeit vom 14.–18. Jh. erhalten geblieben. Tumben und Sarkophage waren allein den Fürsten und dem Hochadel vorbehalten. Deshalb sind manche prachtvollen Grabmäler der Fürsten und deren Familienmitglieder auf den damals von Ungarn bewohnten Gebieten zu finden, z. B. in Weißenburg, Kokelburg und Malmkrog.

Besonders zu nennen sind hier die hervorragenden Leistungen der sächsischen Bildhauer von der Romanik bis zur Barockzeit. Die sächsischen Grabmäler wurden meist für die obersten Amtsträger angefertigt, z. B. für Sachsengrafen, Bürgermeister, Senatoren, Bischöfe und Pfarrer, seltener für wohlhabende Bürger ohne Amt. In den Kirchen der Städte Birthälm, Mediasch, Schäßburg, Kronstadt und Hermannstadt gibt es besonders große Bestände an Grabplatten. Man ist recht erstaunt über die hohe künstlerische Qualität und angetan von dem konsequenten Realismus in der Detailwiedergabe. Ebenso beeindruckt der starke künstlerische Ausdruck bei den Dargestellten, welche strengen, hoheitsvollen Ernst ausstrahlen. In dem manchmal trocken erscheinenden Faltenwurf konzentriert sich intensive Ausdruckskraft.

Ein signifikantes Beispiel sächsisch-gotischer Grabmalkunst befindet sich in der Schäßburger Bergkirche, das Grabmal des Pfarrers Stephan Kalmus aus dem Jahre 1528.

Ungarische Bildhauer schufen nur selten Grabplatten mit ganzfigurigen Darstellungen. Sie bevorzugten meistens floralen Dekor. Deshalb wählten Auftraggeber, die eine figurale Darstellung wünschten, deutsche und ausländische Künstler. Im 16. Jahrhundert sind die Grabmäler beider Gruppen, der Ungarn und der Sachsen, deutlich voneinander zu unterscheiden. Eher eine Ausnahmeerscheinung ist die prachtvolle Tumba des Georg Sükösd von Peter Diószegi 1632 (heute im Klausenburger Museum).

In der Zeit der Renaissance bekam Italiens Einfluß Gewicht. Die Marmortumben der Königin Isabella und des Fürsten Johannes Sigismund im Weißenburger Dom gehören zu den großartigsten plastischen Arbeiten der Renaissance.

Der überreiche Dekor an den Grabmälern strahlt feierlichen, beinahe düsteren Ernst aus. Die figuralen Szenen seitlich an den Sarkophagen zeigen bei der Königin die Geschichte vom Barmherzigen Samariter, beim Fürsten Schlachtenszenen. Auf den Deckplatten ruhen die mächtigen steinernen Gestalten in ihren erstarrten Prunkkleidern.

Auch die sächsischen Gebiete blieben von der italienischen Renaissance später nicht ganz unberührt, wenn auch manches, wie die Grabdenkmäler, eher eine Mischung ist aus spätgotischer Tradition mit deutscher Renaissance. Vor allem sind die Werke von Lucas Italus Lapicida, Thomas Lapicida und Italus Architectus zu nennen. Das Schwergewicht der Bildhauerkunst verlagerte sich von Weißenburg nach Klausenburg und in die sächsischen Städte.

Der größte Bildhauer des 17. Jhs. war Elias Nicolai. Seine Eltern stammten aus Oberungarn, waren aber schon zu Beginn des 17. Jhs. nach Siebenbürgen übergesiedelt, wohl aufgrund der Protestantenverfolgung. Die meisten Werke dieses herausragenden Vertreters der Spätrenaissance sind Grabplastiken.

Das Grabmal des Bischofs von Birthälm, Christian Barth, erreicht besondere Qualität durch die akkurate und naturgetreue Ordnung der Details, der Kleidung und durch den hoheitsvollen Ausdruck der Gesichtszüge. Nicolais Werke, wie auch das Grabmal der Barbara Theilesius, der Frau eines Mediascher Stadtpfarrers, sind Leistungen von europäischem Rang und erinnern manchmal an die flämische Kunst. Streng modellierte Gesichtszüge und eine fast pedantische Akkuratesse kennzeichnen die Schöpfungen dieses großartigen Meisters.

Nicolai bekam seine Aufträge aber nicht nur von der sächsisch-bürgerlichen Oberschicht, sondern auch vom ungarischen Adel, u. a. aus den Fürstenhäusern Bethlen, Apafi und Rákóczi. 1648 leistete Nicolai dem Fürsten Georg Rákóczi den Treueeid.

Ein anderer bedeutender Meister, Sebastian Hann, schuf die berühmte versilberte Zinn-Grabplatte von Frank Franckenstein (gest. 1697), die schon im barokken Geist gearbeitet wurde. Sie befindet sich in der Pfarrkirche zu Hermannstadt.

Wichtig für die siebenbürgische Plastik sind auch die Arbeiten des Hermannstädter Sigmund Möß, der mehrere Grabmäler für Sachsengrafen schuf, u. a. für Andreas Fleischer (gest. 1676) und Matthias Semringer (gest. 1680).

Der Einfluss Italiens, die Zeit der Renaissance

Grundsätzlich ist für die Kunst Siebenbürgens, wie es auch sonst in den Randgebieten Europas zu beobachten ist, eine konservative Haltung kennzeichnend. Die neuen künstlerischen Tendenzen und Stilrichtungen erreichen zwar diese Gebiete, werden aber zunächst immer nur zögernd aufgenommen. Hier, in Siebenbürgen, lebt die romanische Schwere noch in der Gotik weiter, und als Westeuropa schon von den künstlerischen Ideen der von Italien ausstrahlenden Renaissance eingenommen war, sind hier noch gotische Formen weit verbreitet.

Die Faszination, die von Italien ausging, fruchtete und fand willige Aufnahme in Siebenbürgen, besonders bei den Ungarn, und diese Vorliebe ist nie ganz verschwunden.

Der italienische Einfluß auf Kultur und Kunst blieb merkwürdigerweise bei den Rumänen ganz ohne Spuren, da ihre Identität ganz in der byzantinisch-östlichen Orthodoxie wurzelte. Jedoch waren für die kulturelle Entwicklung der rumänischen Bevölkerung weder die politischen noch die wirtschaftlichen Voraussetzungen gegeben. Das wiederum hing mit ihrer Lebensweise und ihrer Gesellschaftsstruktur ursächlich zusammen.

Die Renaissance fand in der Seele des Sachsenvolkes auch nur partiell Eingang. Der Grund lag bei ihnen in der konservativen Geisteshaltung, die in den Formen der Gotik eher ihren Ausdruck fand und an der man festhielt.

Seine ersten begeisterten Anhänger gewann der neue Geist der Renaissance zunächst in den obersten Schichten der Gesellschaft, bei dem oberen Klerus und dem Hochadel. Unter König Matthias begann eine ungewöhnliche starke und zielstrebige Orientierung nach Italien. Mit seiner Gemahlin Beatrix von Aragon kam auch eine große Zahl italienischer Künstler und Gelehrter ins Land. Das Antlitz des Landes bekam durch ihn eine neue Prägung. Seine prächtigen Paläste in Buda und in Visegrád, seine Bibliothek, die Bibliotheca Corviniana, waren damals hoch gerühmt, wie auch seine modern anmutende Wirtschaftsverwaltung. Johann Zápolyas Frau Isabella, aus der Familie Sforzas, umgab sich ebenfalls mit italienischen Höflingen. Diese Ausrichtung nach Italien gilt auch für Martinuzzi, genannt Frater Georg, für die Báthoris, Bethlens und Rákóczis.

Ein wichtiges Denkmal für die siebenbürgische, italienisch geprägte Renaissance ist die am Anfang des 16. Jhs. erbaute Lázó-Kapelle (1512) in Weißenburg. Einige Portale zeigen deutlich toskanische Einflüsse. Die Schauseiten werden durch plastische Figurenszenen aus dem Alten Testament und der Mythologie geschmückt, die wichtige Zeugnisse der Renaissancekunst in Siebenbürgen darstellen.

Im allgemeinen werden Renaissanceelemente und Dekorformen an Fenstern, Türen und Toren als Beiwerk verwendet, wogegen in der Tektonik der Architektur eher an konservativen Formen festgehalten wird.

So ist in der Renaissance die kirchliche Baukunst mehr eine Sache der Bildhauer und Steinmetze und nicht der Baumeister, umso mehr, als nach der Reformation kaum neue Kirchen gebaut wurden. In der Siebenbürger Renaissance wirkt neben der Toskana, der Lombardei und Süddeutschland das westungarische Gran mit, wo ebenfalls italienische Künstler tonangebend waren.

Bei der inneren Gestaltung der Gotteshäuser entstand im 17. Jh. ein für das Land sehr typischer floraler Dekorstil. Statt des Dekorsystems der klassischen Antike entdeckte man die Blumen des Landes, Tulpen und Rosen. Sie wurden gemalt, geschnitzt oder in Stein gehauen. Neben den Altären wurde auch den Emporen, Bänken und Kanzeln künstlerischer Schmuck gegeben.

Das wohl künstlerisch wertvollste Paradebeispiel für eine vom Bildhauer gestaltete blumengeschmückte Kanzel wurde 1646 von Elias Nicolai und dem Meister Benedek angefertigt und befindet sich in der reformierten Kirche in Klausenburg. Sie ist zugleich ein Beispiel für die sogenannte »blumige Renaissance«, die besonders bei den Ungarn beliebt war. Dieser Stil fand vor allem im Szekler- und Burzenland weite Verbreitung, wie der Dekor der Szeklertore zeigt, die so innig geliebt und als ureigenster Ausdruck des Szeklertums betrachtet werden.

Von den schönen siebenbürgischen Kanzeln sollen mindestens noch einige genannt werden: Der Klausenburger David Sipos schuf die Kanzel in Kriegsdorf im Auftrag von Franz Wesselényi. Weitere stehen in Erdőszentgyörgy, Bruck, Desch, Ung. Klosterdorf, Magyarvalkó, Klausenburg etc.

Ungarische Dorfkirchen

Der Siebenbürger Ungar nennt sein Land »die holztürmige Heimat«. In der Tat sind die aus Holz gezimmerten Türme der unzähligen Dorfkirchen, die so harmonisch in die freundliche, hügelige Landschaft eingebettet sind und die Seele des Landes mit unvergleichlich einnehmendem Charme vermitteln, zu einem Symbol Siebenbürgens geworden.

Diese kleinen Gotteshäuser sind für die Kulturgeschichte Siebenbürgens außerordentlich wichtig. Sie sind ganz eigentümliche Schöpfungen der Volksarchitektur, in denen sich der spezifisch transsilvanische Geist des Landes, also Einfachheit, Erdnähe und eine gewisse Schwerfälligkeit, verbunden mit einem sonderbaren ästhetischen Reiz vielleicht noch markanter und bestechender widerspiegelt als in den städtischen Kathedralen.

Besonders schöne Beispiele dieser ländlichen Kirchen aus verschiedenen Epochen findet man in großer Zahl in Mittel- und Nordsiebenbürgen, aber auch im Szeklerland. Die romanischen Bauten sind auf dem Lande noch schwerfälliger und sparsamer in der Verwendung des dekorativen Zierwerks als in den Städten.

Die Gotik erreichte im zweiten Drittel des 13. Jhs. Siebenbürgen und gelangte bis in die Dorfkirchen hinein. Die beherrschende Stilrichtung wurde sie erst gegen Mitte des 14. Jhs., blieb dann aber lebendig bis zur Reformation. Wie schon bei den städtischen Kirchen fallen an den gotischen Dorfkirchen noch mehr die von der westlichen Gotik abweichenden reduzierten, massigen Formen auf. Die Stilmerkmale der Gotik beschränken sich, abgesehen von gewissen Veränderungen im Grundriß, fast nur auf die Verwendung des Spitzbogens.

Grundsätzlich – bei diesen einfachen Bauten aber erst recht – ist in Siebenbürgen eine etwa 50jährige Stilverspätung gegenüber Westeuropa feststellbar, was bei der Datierung der Architektur immer beachtet werden sollte.

Einen bestimmten, eigenartigen Kirchentyp findet man in den Dörfern Siebenbürgens immer wieder. Es sind Kirchen mit einem recht schweren, dem Schiff vorgesetzten, viereckigen, steinernen Turm in verschiedenen, miteinander verwandten Variationen. Viele, ursprünglich aus Holz gebaute Kirchen haben in den von Ungarn bewohnten Gebieten im Laufe der Zeit den Steinkirchen Platz gemacht. Nur noch der Turm bzw. das Turmdach wurde aus Holz angefertigt. An den vier Ecken der Turmhaube stehen häufig vier kleinere Ecktürme, sogenannte »Jungtürme«. Der Hauptturm symbolisiert Christus, die Nebentürme die vier Evangelisten. In der Renaissance wurde der Turm noch mit einem hölzernen, umlaufenden Wehrgang in Form einer Arkadengalerie versehen. Die Turmhauben sind bei allen Kirchen immer sehr schlank und spitz, um das Ablaufen des Wassers zu beschleunigen, wodurch die Schindeln vor Verwitterung geschützt werden sollten. Eine Reihe schöner ungarischer Dorfkirchen konzentriert sich auf die Landschaft von Kalotaszeg; unbedingt sehenswert im Inneren sind Magyarvalkó, Körösfő, Bánffyhunyad, Magyargyerőmonostor und Magyarvista u. a.

Das Gebiet von Kalotaszeg umfaßt etwa 40 mehrheitlich von Ungarn bewohnte Dörfer; sein Mittelpunkt ist Bánffyhunyad. Die Kalotaszeger Dörfer besitzen eine äußerst lebendige Heimindustrie und Volkskunst. Reich geschmückte Häuser, Webarbeiten und Stickereien prägen die ganz besondere kulturelle und volkskundlich interessante Atmosphäre dieser Gegend. Im Zentrum von Kalotaszeg befindet sich die Kirche von Bánffyhunyad. Sie wurde von der Familie Bánffy 1307 erbaut und ist der Hl. Elisabeth geweiht.

Ein prägnantes Beispiel für den Kalotaszeger Kirchentyp ist die Kirche in Magyarvalkó (13.-15. Jh) mit einem ungewöhnlich kräftigen Turm, der, ebenso wie die Befestigungsmauer, erst aus dem 17. Jh. stammt. Ganz ähnlich ist der Turm von Bánffyhunyad; schlankere Formen weist die Kirche von Körösfő auf, die mit ihren feinen ausgewogenen Proportionen ein wahres Kunstwerk der Volksarchitektur ist.

Nur einige Kilometer entfernt steht die Kirche von Magyargyerömonoster, die noch teilweise aus spätromanischer Zeit stammt; ihr Altarraum wurde aber erst in der zweiten Hälfte des 15. Jhs. erbaut. Sie ist ebenfalls ein typisches Beispiel des ungarischen Kirchenbaustils. Diese volkstümliche Architektur schöpfte auch später noch aus der Formsprache der Romanik.

Westlich von Klausenburg liegt Magyarvista. Seine Kirche stammt auch aus der spätromanischen Zeit, vom Ende des 13. Jhs. Sie erhielt 1498 ein neues Gewölbe. Ihr Glockenturm wurde erst im 18. Jh. errichtet.

Diese Dorfkirchen mit ihrem an die Romanik erinnernden Mauerwerk überraschen im Innern durch ihre muntere Farbstimmung.

In der Zeit der Renaissance und weiter auch in den späteren Jahrhunderten erhielten die Kirchen bemalte Kassettendecken. Die malerische Ausschmückung der Kassetten entwickelte sich zu einer viel gepflegten Gattung der Volkskunst. Allein in Mittel- und Nordsiebenbürgen sind etwa 70 Kirchenräume in dieser Art gestaltet. Die protestantische Einfachheit, Nüchternheit und Sparsamkeit bekam hier ein Ventil und einen Zug menschlicher Wärme. In ihrer bunten Farbigkeit verströmen die Kassettendecken ein heiteres Lebensgefühl. Sie zeigen mit der reichen floralen Ornamentik die Erde als Blumengarten und nicht als Jammertal der religiösen Askese. Die prächtigen Blumenmotive, vor allem Rosen und Tulpen, wurden nicht nur an den Decken, sondern auch an den Holzemporen und Treppen verwendet. Blumen wurden zum Hauptmotiv und verdrängten die Darstellungen der Heiligen, die bis dahin in den katholischen Kirchen dominierten. Die offensichtliche, klare Gliederung der Dekorzonen entspricht der geistigen Haltung des Siebenbürger Menschen.

Herauszuheben sind die Decken in Kalotaszeg und im Szeklerland, Magyarbikal (1697), Ketesd (1692) und Magyarvista (1765), letztere in 120 Kassetten geteilt. Ebenso schön sind die Decken in Gelentz (1628), Farcád (1629) und Magyardálya (1630). Einige der Maler sind uns mit Namen bekannt, so János Gyalui, tätig in Magyarvista, Ketesd und Magyarbikal und der vielbeschäftigte Laurenz Umling, der u. a. in Magyarvi sta arbeitete, sowie dessen Söhne. Äußerst dekorativ ist auch die in 104 Kassetten unterteilte Decke von Csíkdelne.

Eine Besonderheit sind bei vielen kirchlichen Bauten auf dem Lande die neben den Kirchen separat stehenden hölzernen Glockentürme, die als wahre Meisterwerke der Zimmermannskunst gelten können, was sich in den eigenwilligen technischen Lösungen und den maßvollen, wohlproportionierten Ausbildungen zeigt. Nicht selten sind es ganz eigenständige, nirgendwo sonst angewandte Konstruktionen der Holzverarbeitung. Diese Turmbauten, die aus praktischen Gründen einen Steinsockel hatten, erfüllten auch einen fortifikatorischen Zweck, sie dienten als Beobachtungsposten bei sich nähernder Gefahr. Ältere Glockentürme findet man noch in Farnas, Toldalag, Klosdorf und Mezőcsávás (1570).

Weitere Betätigungsfelder für die künstlerische Ausgestaltung der Dorfkirchen boten sich bei den Portalen und Kirchhofstoren, vor allem aber bei den

Geschnitzte Grabsäulen, reformierte Kirche Magyarvalkó

geschnitzten, hölzernen Grabsäulen. Sie gehören zu den wohl bekanntesten Erzeugnissen der brauchtumsbedingten ungarischen Volkskunst.

Rumänische Holzkirchen

Die meisten der noch heute erhaltenen Holzkirchen gehören den Rumänen, die Ungarn haben ihre Holzkirchen im Laufe der Jahrhunderte durch Steinbauten ersetzt. Sie sind die ansprechendsten Denkmäler der rumänisch-siebenbürgischen Volksarchitektur, und repräsentieren gegenüber den bombastischen neobyzantinischen Kirchenkolossen, die der siebenbürgischen Kulturlandschaft fremd sind, eine, dem alteingesessenen Rumänentum entsprechende Art. Trotz der Verwandtschaft mit den Kirchtypen der Ungarn zeigen die rumänischen Dorfkirchen eine Besonderheit: Der Turm steht nicht vor der Kirche, sondern ist in der Art eines Dachreiters in das Kirchendach eingebaut. Auch haben diese Holzkirchen eigentümliche Proportionen und zeugen im Inneren von dem mystisch geprägten Geist der Ostkirche.

Bis zum 19. Jh. entsprach die Grundrißgestaltung der orthodoxen Liturgie, das bedeutete u. a., daß das Schiff für die Männer, der Vorraum für die Frauen vorgesehen war. In ihrer Höhenstrebigkeit sind diese Kirchen von der Gotik beeinflußt. Diese ausdrucksvolle Vertikalität der schmalen hohen Türme soll aber auch die mystische Sehnsucht der griechisch-orthodoxen Volksseele nach Gottesnähe symbolisieren. Der Bau eines Westturmes geht auf Vorbilder sächsischer und ungarischer Kirchen zurück. Diese einfachen, kleinen, aber schönen Kirchbauten besaßen verständlicherweise keine verteidigungsbedingten Bauelemente.

Die rumänischen Holzkirchen stammen in ihrer jetzigen Form aus dem 18.–19. Jh., gehen aber nicht selten auf ältere Vorbilder zurück. Eine Reihe solcher Kirchen sind auf den Gebieten von Kolozs, Doboka, Sathmar und Bihar anzutreffen.

Eines der schönsten, frühesten Beispiele ist die Kirche von Fildu de aus dem Jahre von 1727.

Rumänische Steinkirchen

Einige größere orthodoxe Steinkirchen wurden von den walachischen Fürstenhäusern gestiftet, so z. B. im 16. Jh. von Fürst Basarab die St. Nikolaus-Kirche in Kronstadt, die aber erst 1751 mit Hilfe der russischen Zarin Elisabeth fertiggebaut wurde. In ihr sind bis heute gut erhaltene Wandmalereien zu finden. Diese ansehnliche Kirche bereichert ebenso wie die katholische Kirche von 1725 die architektonische Landschaft Kronstadts und zeugt von der liberalen Atmosphäre dieser Stadt.

Ein anderer, bedeutender Bau ist die orthodoxe St. Nikolauskirche in Fogarasch. Sie wurde von dem walachischen Fürsten Constantin Brâncoveanu 1697/98 gestiftet.

Der siebenbürgische Fürst Michael Apafi I. gestattete zwar diese Stiftung, doch beschränkte er die Höhe der Kirche; sie durfte das naheliegende fürstliche Schloß nicht überragen. Beeindruckend in dieser Kirche sind die Wandmalereien mit den im Brâncoveanu-Stil gehaltenen Darstellungen: Gebet am Ölberg und

Gefangennahme Christi. Im Pronaos befinden sich volkstümliche Malereien aus dem 18. Jh.

Kirchen und Künstler des Barocks

Die Einbindung in das Habsburger Reich veränderte die Machtstrukturen in Siebenbürgen. Österreichische Oberhoheit – das bedeutete neben vielem anderem Erstarkung der katholischen Kirche und Gegenreformation. Gleichzeitig strömte aber, wenn auch, mit erheblicher Verspätung, der Geist des Barocks ins Land. Mit seiner überschwänglichen Formensprache wurde er hier anfangs nur mit gewissem Vorbehalt aufgenommen, erreichte dann aber doch viele Bereiche. Die ersten Verkünder des neuen Geistes kamen aus Österreich und Bayern, doch ist die Ausbreitung des Barocks nicht nur im Zusammenhang mit dem österreichischen Absolutismus und der Gegenreformation zu sehen. Das Geburtsland dieser Stilrichtung war, ebenso wie die Renaissance, Italien.

Überall wurden neue Gotteshäuser errichtet oder die alten umgestaltet und in der Manier des Barocks ausgeschmückt. Aber auch Paläste, Schlösser und Bürgerhäuser wurden von dem neuen Stil berührt.

Ein Musterbeispiel für die siebenbürgischen Barockkirchen ist die 1718–1724 erbaute Jesuitenkirche in Klausenburg, die dem meist nachgeahmten Vorbild aller Barockkirchen, der »Il Gesú – Kirche in Rom« folgte. Der plastischen Ausstattung im Inneren diente die Wiener Peterskirche als Vorbild. Diese früheste Barockkirche in Siebenbürgen bietet eine verhältnismäßig einfache Schauseite, weist aber bereits zwei Türme auf. Klausenburg hatte eine zentrale Stellung in der Barockkunst und wirkte weit hinein ins Szeklerland, bis nach Hofmarkt und Csíksomlyó. In letzterem wurde die größte und bedeutendste barocke Wallfahrtskirche des Szeklerlandes errichtet.

Ein anderes Beispiel barocker Kirchenbaukunst stammt von Anton Eberhard Martinelli, die griechisch-katholische Kirche in Blasendorf (1738–1765), deren Vorbild die Klausenburger Jesuitenkirche war.

Die Blasendorfer Kirche wurde eigens für den griechisch-katholischen Metropoliten errichtet, worin sich das besondere Verhältnis der griechisch-katholischen Kirche zu den Habsburgern spiegelt. Die beiden Türme wurden erst 1837 angebaut.

Von 1728–1774 bauten die Jesuiten in Neumarkt 1728–1764 eine doppeltürmige Kirche im Stil des Spätbarocks.

Neben den Jesuiten waren es auch die Franziskaner, die bei der Verbreitung des Kirchenbarocks in Siebenbürgen eine maßgebliche Rolle spielten. In dieser neuen Zeit gewannen auch die zweitürmigen Kirchen mehr und mehr Heimatrecht in Siebenbürgen.

Der Charakter der Menschen, ihre Eigenart und ihre, von der Geschichte geprägte geistige Haltung paarten sich in Siebenbürgen mit einer eigentümlichen Baugesinnung, die bei allem Wandel der Stilrichtungen immer wieder zutage tritt. Hier sind die Formen des Barocks bescheidener und schwerer, ohne leidenschaftliches Pathos. Die massiven Kirchtürme und die schmalen Fenster, auch bei jüngeren Bauten, erinnern uns noch immer an die Romanik. Das Mauerwerk ist meist dick, und in der architektonischen Gestaltung treffen wir häufig asymmetrische Strukturen. Auch die Ornamentik vermeidet eine pedantische Ordnung, sie ist nicht streng festgelegt, eher natürlich.

Wohl der imposanteste und prunkvollste Sakralbau ist die katholische Kirche in Hermannstadt (1726–1738). Sie bezeugt die machtvolle Wiedererstarkung des Katholizismus auch im Osten des Reiches. Jetzt, im 18. Jh., gewannen die westlichen Impulse in Siebenbürgen schneller ihre sichtbare Umsetzung. So fanden auch die Formen des Klassizismus Eingang in die siebenbürgische Baukunst, wie z. B. bei der armenischen Kirche in Elisabethstadt.

Ein größerer, interessanter Barockbau ist die Kirche in Neuschloß. Sie wurde von armenischen Flüchtlingen, die seit dem 17. Jh. hier siedelten, errichtet. Fürst Michael Apafi nahm die Armenier auf, die sich im Laufe der Jahrhunderte magyarisierten und auch zum Katholizismus übertraten.

Der Bau der Dreifaltigkeitskirche in Neuschloß wurde 1789 von den neuen Siedlern begonnen, z. T. aus Resten römischer Ruinen. Geweiht wurde sie aber erst 1804 und zeigt dementsprechend bereits einige Merkmale des Klassizismus.

Zu den späten Barockkirchen gehört die Klausenburger Unitarier-Kirche (1792–1796), ein Werk des einheimischen Meisters Ladislaus Ugrai. Dieser Bau, der zu den schönsten Denkmälern der kirchlichen Barockkunst zählt, ist ein typischer Vertreter der protestantisch-ungarischen Baugesinnung, die hier traditionelle Motive des Klausenburger Rokokos mit Empiremotiven verbindet.

Im Zeitalter des Barocks waren auch einige hervorragende Bildhauer am Werke, die man wohl hervorheben muß. Die beiden bedeutendsten unter ihnen, Johann Nachtigall aus Klausenburg und Anton Schuchbauer aus Buda, waren Schützlinge des Klausenburger Stadtpfarrers Johann Biró, der sie als Mäzen und Kunstliebhaber unterstützte. Der Schwerpunkt ihrer Tätigkeit konzentrierte sich auf die St. Michaelkirche in Klausenburg. Ihr Hauptwerk ist die wunderbare Kanzel (1740/50) mit ihrer reichen Figurenstaffage, welche Kirchenväter und Evangelisten darstellt. Den Schalldeckel schmückt eine freistehende Figur des Heiligen Michaels. Auch weitere prachtvolle Altäre in St. Michael sind von ihrer Hand.

Von diesen beiden großartigen Künstlern, deren Werke man am österreichischen oder süddeutschen Barock messen kann, stammen die wichtigsten bildhauerischen Arbeiten jener Zeit.

Johann Nachtigall schuf die Kreuzigungsgruppe in der Kirche am Marktplatz und die Figuren für die Fassade der Franziskanerkirche in Klausenburg, weiterhin die Skulpturengalerie im Schloß Bruck sowie die beiden schönen Nischenaltäre der Franziskanerkirche in Neuschloß.

Wichtige Arbeiten von Anton Schuchbauer sind die Kanzel in der Jesuitenkirche in Klausenburg, der Immaculata-Altar in Weißenburg und das großartige Grabmal von Otto Traum in der katholischen Kirche zu Hermannstadt. Er arbeitete aber auch in Kriegsdorf, Siben und in Neumarkt am Mieresch. Diese beiden Künstler schufen nicht nur selbst herausragende Werke, sondern sie wirkten auch auf ihre Zeitgenossen und sogar auf die nachfolgenden Generationen. Von Klausenburg aus wurden viele andere Orte in Siebenbürgen mit plastischen Arbeiten versorgt. Die Klausenburger Werkstatt, namentlich der Bildhauer Simon Hoffmajer und sein Sohn, lieferte viele Altäre für die kleineren Ortschaften und Dörfer. Ein bedeutender Schüler Simon Hoffmajers war der bekannte klassizistische Bildhauer Antal Csűrös.

Ganz im Gegensatz zur Bildhauerkunst brachte die kirchliche Malerei in Siebenbürgen seit dem 16. Jh. keine herausragenden Meister mehr hervor. So war man angewiesen auf ausländische Künstler. Der Stadtpfarrer János Biró, der sich schon für Schuchbauer und Nachtigall eingesetzt hatte, bestellte von dem jungen und damals noch unbekannten Albert Maulpertsch ein Altarbild für die St. Michaelkirche mit der Darstellung der drei Könige. Auch Maria Theresia schenkte sechs großformatige Bilder von Maulpertsch der Kirche in Winsberg, die später in das Bischofspalais in Weißenburg gelangten.

Siebenbürgens Gold- und Silberschmiede

Siebenbürgen besaß die reichsten Fundstätten von Gold und Silber in Europa. Damit waren hier die Voraussetzungen für die Entwicklung der Gold- und Silberschmiedekunst gegeben.

Die Anfänge dieses kunstvollen Handwerks fielen in die Zeit Ludwigs d. Gr. (1342–1382) und König Sigismunds (1387–1437). Jedoch begann die Blütezeit während der Herrschaft König Matthias' (1459–1490). Die wichtigsten Zentren der Goldschmiedekunst bildeten sich in Kronstadt, Hermannstadt und Klausenburg. Geringere Bedeutung haben Schäßburg, Bistritz, Mediasch, Weißenburg und Neumarkt am Mieresch. Die mächtige Hermannstädter Zunft wurde etwa am Anfang des 15. Jhs. gegründet. Von der reichhaltigen Produktion sind Monstranzen, Kruzifixe, Rauchgefäße und besonders viele Kelche erhalten geblieben.

Die siebenbürgische Goldschmiedekunst übernahm im 17./18. Jh. eine führende Stellung im mittleren Osteuropa und entwickelte eine mehr oder weniger eigene Formensprache. Nach der Reformation verlor die Kirche als Auftraggeber an Gewicht, denn der Bedarf an kirchlich liturgischen Gegenständen wurde wesentlich reduziert. Die Bedürfnisse der Kirche beschränkten sich nun hauptsächlich auf Abendmahlskelche. Doch war die Nachfrage im profanen Bereich groß, so daß hier der größte Absatz erfolgte. Abnehmer waren das Fürstenhaus, der Adel sowie das reiche städtische Bürgertum; darüber hinaus wurden Stücke auch in die Walachei und die Moldau geliefert. Die Tribute für den Sultan und Geschenke wurden ebenfalls in Form von Objekten des Goldschmiedehandwerks entrichtet. Die Beziehung zu den westeuropäischen Goldschmiedezentren, z. B. zu Augsburg, ergab sich auf mehrfache Weise durch Musterbücher, durch wandernde Gesellen in beide Richtungen und durch Ansiedlung von fremden Meistern.

Wenn auch meistens die Gefäßformen aus den Werkstätten des westlichen Europas übernommen wurden, entstand hier doch Vieles mit eigenem Charakter, durch technische und stilistische Eigentümlichkeiten, die einen gewissen Einfluß des Orients verraten.

Wesentlich aber ist eine Wechselwirkung mit Kaschau und Leutschau.

Eine spezielle Technik wurde in der Emailleverarbeitung entwickelt. Es ist die sogenannte siebenbürgische Emaille, bei der Flächen nicht von gedrehten, sondern von glatten Metalldrähten begrenzt sind. Gern wurde auch Perlfiligran verwendet und als weiterer Schmuck bei den kostbarsten Stücken Edelsteine, vor allem Türkise, eingesetzt. Durch die Verwendung dieser Techniken entstand eine besonders lebendige Farbigkeit, die bevorzugt bei Schmuckarbeiten zur Geltung kam.

Beide Volksgruppen, Ungarn und Deutsche, hatten Anteil an dem Aufblühen der siebenbürgischen Goldschmiedekunst, die europäischen Rang erreichte. Die Unterscheidung der einzelnen Werkstätten, besonders in der Frühzeit, als noch keine Stempelung üblich war, ist schwierig. Hinzu kommt, daß in den ungarischen Werkstätten Deutsche und in den deutschen Werkstätten auch Ungarn gearbeitet hatten. Einige Orientierungspunkte aber gibt es. Die sächsischen Silberschmiede verwendeten oft die Gießtechnik, während die Ungarn Treibarbeiten und Gravierungen bevorzugten. Die Sachsen Siebenbürgens liebten üppige Barockformen und beherrschten meisterlich die Darstellung figuraler Szenen, z. B. aus der Mythologie, dem Bereich der Allegorien und mit Vorliebe Tritonen und Nymphen. Die ungarischen Gefäße sind schlanker und zeigen mehr floralen Schmuck.

Die wichtigsten ungarischen Gold- und Silberschmiedewerkstätten befanden sich in Klausenburg.

Bis Mitte des 15. Jhs. bestand in Klausenburg eine Parität zwischen der sächsischen und der ungarischen Bevölkerung. Später veränderte sich das ethnische Bild zugunsten der Ungarn, wobei die deutsche Bevölkerung fast restlos von der ungarischen aufgesogen und Klausenburg eine ganz und gar ungarische Stadt wurde. Bereits vorher hatte sich eine Rivalität zwischen der Hermannstädter und der Klausenburger Zunft entwickelt, in deren Verlauf dann im 16. Jh. die Ungarn die Führung endgültig übernahmen. Die Spannungen waren nicht in der Verschiedenheit der Nationalitäten begründet, wenn auch zeitweilig die Klausenburger und dann wieder die Hermannstädter die Aufnahme von Lehrlingen der anderen Nationalität einschränkten, sondern es waren Konkurrenzkämpfe. Immerhin gehörte eine große Zahl der Lehrlinge der Hermannstädter Zunft der ungarischen Nation an und neben mehreren ungarischen Mitgliedern war sogar das Amt des Zunftmeisters zeitweise von einem Ungarn, Gáspár Huszár, bekleidet.

Siebenbürgische Silberschmiedearbeiten befinden sich nicht nur im Lande, sondern auch in zahlreichen europäischen Sammlungen. Eine Reihe der besten Stücke steht heute in Museen in Ungarn, so z. B. der Pokal von Georg Rákóczi und das berühmte Paradestück, der Kelch des Benedikt Suki (um 1440). Der feine figurale Schmuck und die Drahtemaillearbeit des Letzteren, die schönen Medaillons mit sechs Reliefszenen markieren einen Höhepunkt der mittelalterlichen Silberschmiedekunst in ganz Ungarn. Ein anderer bedeutender Kelch ist in Siebenbürgen geblieben und befindet sich in der St. Michaelkirche in Klausenburg, er ist eine Arbeit der Meister Szakál und Gyulai.

Einer der größten Silberschmiede war Sebastian Hann, der nicht aus Siebenbürgen stammte, sondern von Nordungarn, aus Leutschau, nach Hermannstadt kam. Seine hervorragende Treibtechnik lehnte sich in der plastischen Gestaltung des Objekts an die Augsburger Goldschmiedekunst an. Viele seiner Arbeiten sind gestempelt und dadurch identifizierbar. Es sind liturgische Gefäße, Tafelgeräte, Schalen und Kannen und andere plastische Arbeiten. Vieles davon ist heute im Budapester Kunstgewerbemuseum zu sehen. Sebastian

Hann hat jedoch auch silbergetriebene Grabplatten von höchster Qualität hinterlassen, wie z. B. das wundervoll getriebene Relief auf dem Epitaph des Sachsengrafen Frank von Frankenstein (Hermannstadt, Pfarrkirche).

Fein gearbeitete Gegenstände aus Edelmetallen waren schon immer begehrt, ihr Besitz stellte Reichtum und Macht dar. Die Kirche ging im Mittelalter und auch in den nachfolgenden Jahrhunderten beim Erwerb dieser Objekte allen anderen voran.

Die »Siebenbürger Teppiche«

Wer Siebenbürgens Kirchen betritt, vor allem die reicher sächsischer Gemeinden, dem fällt eines ganz besonders auf, was sonst in christlichen Kirchen kaum zu finden ist: die vielen wunderbaren, alten Teppiche mit orientalischen Mustern, die an den Wänden hängen. Es war eine besondere Sitte in Siebenbürgen, die Kirche mit Teppichen zu schmücken, die fast alle von wohlhabenden Gläubigen der Kirche geschenkt worden sind. Die meisten dieser Teppiche stammen aus dem 17. Jh. und sind in Anatolien geknüpft worden. Die Einfuhr und der lukrative Verkauf von Orientteppichen war eine Domäne der Kronstädter und Hermannstädter Sachsen, und so sind auch in der Schwarzen Kirche in Kronstadt besonders viele und schöne Exemplare zu bewundern. Für Kenner und Sammler sind diese »Siebenbürger Teppiche« begehrte Kostbarkeiten.

Weltliche Malerei

Im Vergleich zu den schönen Leistungen in der Architektur, der Bildhauer- und Goldschmiedekunst sind diejenigen der weltlichen Malerei bescheidener. Vieles ist auch in den vielen Kriegswirren, von denen Siebenbürgen fast unablässig heimgesucht wurde, verlorengegangen.

Ein großer Maler in der Barockzeit war zweifellos der Sachse Hendrik Terbruggen (1588–1629), der aber schon sehr früh Siebenbürgen verließ und sein Glück in Utrecht und Den Haag fand.

Ein anderer beachtenswerter Maler, der etwas später lebte, aber auch noch in diese Zeit gehört, ist Tobias Stranovius (1684–1724). Er war Schüler des berühmten ungarischen Stillebenmalers Jakob Bogdány. Einige schöne Stilleben von Stranovius befinden sich im Brukenthal-Museum in Hermannstadt.

Von den Malern, die an der Ausschmückung von Schlössern beteilgt waren, sind János Ágota zu nennen und Mátyás Veress, der beschwingte Rokokoszenen malte (1771), beide im Schloß Kapjon vertreten.

In den Kreisen des Adels bestand ein erheblicher Bedarf an Porträtbildern. So wurde diese Gattung, besonders in der Barockzeit, zum wichtigsten Zweig der Malerei. In Siebenbürgen war es, wie auch in Westeuropa, üblich, die Schlösser und Herrenhäuser mit Ahnengalerien auszustatten. Die Porträtaufträge wurden meist von durchreisenden, wandernden Künstlern ausgeführt. Man sagte mit leichter Ironie, daß die Maler mit bereits vorgefertigten Bildern arbeiteten und nur zuletzt die Barttracht des Dargestellten dem fertigen Bild hinzufügten. Auch wenn dies nicht wörtlich zu nehmen ist, wird doch offensichtlich, daß es mehr oder weniger auf die Darstellung der äußeren Erscheinung ankam, während persönliche Individualität und Charakterzüge der Porträtierten darzustellen aber nicht unbedingt erforderlich waren. So zeigen diese Figuren häufig eine steife frontale Haltung. Das Interesse des Künstlers erschöpfte sich meist in der Detailschilderung der Kleider.

Als repräsentativ für dieses Genre können zwei Porträts im Schloß Bonchida angesehen werden, welche Maria Tholdalagi und deren Tochter darstellen. Diese Bilder sind nur trachtenkundlich interessant, nicht aber wegen ihres künstlerischen Ranges.

Da die Porträtkunst nicht übermäßig entwickelt war, ließ sich der Hochadel lieber in Wien porträtieren, wie z. B. Dénes Bánffy, der sein Bildnis von Marten van Meytens malen ließ. Meytens hatte übrigens einen Schüler aus Hermannstadt, Johannes Stock (1742–1800), der später in seine Vaterstadt zurückkehrte und dort wohlhabende Bürger und Mitglieder des Klerus porträtierte. Für meist adelige Auftraggeber arbeiteten in Siebenbürgen nicht selten hervorragende ausländische Künstler, die Wiener Johannes Michael Millitz und Johann Tusch, welche die schönen Porträts von Samuel Teleki malten, die sich in der Bibliothek von Neumarkt am Mieresch befinden.

Auch der englische Maler Eduard Young arbeitete in Siebenbürgen, bewährte sich aber auch als Soldat und Adjutant des Generals Bem.

Für die Familien Bethlen und Haller fertigte der Kasseler Maler Avenarius viele Porträts an, bis er 1820 nach Buda übersiedelte.

Sicherlich wäre noch vieles ausführlicher und genauer über die Porträtkunst in Siebenbürgen zu sagen, doch ihre Erforschung wurde seit der Angliederung an Rumänien nicht betrieben, um die geschichtlichen Wurzeln des Landes nicht kenntlich zu machen und vergessen zu lassen.

Die dekorative Graphik spielte eine achtbare Rolle in der siebenbürgischen Kunst, wobei sich die Mitglieder der Familie Franz Neuheuser besonders hervortaten. Von ihnen stammt die bekannte Serie »Maler-Reise durch Siebenbürgen«, die im Lande große Verbreitung fand. Ein namhafter Kupferstecher war auch Sámuel Nagy (1783–1845), von dem zahlreiche Porträtstiche siebenbürgischer Aristrokaten bekannt sind. Auch im 19. Jh. waren es hauptsächlich Porträtaufträge, womit viele einheimische Künstler beschäftigt waren, so János Szabó aus Kronstadt und Károly Szathmáry Pap, der die Hefte »Siebenbürgen in Bildern« herausgab.

In der Zeit des Biedermeiers gehen wichtige kulturelle Impulse von dem katholischen Lyzeum und dem reformierten Kollegium in Klausenburg aus. Gabriel Barna machte die Lithographie in Klausenburg bekannt. Er hatte das Verfahren bei Michael Bielz in Hermannstadt gelernt. Ferenc Kissolymosi Simó war der Lehrer einer der größten ungarischen Maler, Bertalan Székely.

Unter den vielen tüchtigen und begabten Malern ragt der bis 1840 in Siebenbürgen lebende Miklós Barabás (1810–1898) mit überregionaler Bedeutung heraus. Als sich das Zentrum des künstlerischen Lebens für die Siebenbürger Künstler Mitte des 19. Jhs. von Klausenburg immer mehr nach Budapst verlagerte, zog es auch ihn neben anderen großen Talenten dorthin.

Sein Werk gilt in Ungarn als Inbegriff der Biedermeierkunst. Er malte neben Landschaften auch eine große Zahl von Porträts, darunter Miniaturen von ungewöhnlicher zeichnerischer Brillanz und Feinheit. Seine der Epoche entsprechend gefühlsbetonte Malerei zeigt ein ideales Menschenbild von intakter persönlicher Integrität und in vornehmer eleganter Zurückhaltung.

Für die osteuropäische Kunstgeschichte war die von Simon Hollósy gegründete Künstlerkolonie in Nagybánya/Siebenbürgen von Bedeutung. Sie war der Geburtsort der modernen ungarischen Malerei, aus dem Künstler wie Károly Ferenczy, István Réti und Béla Iványi-Grünwald hervorgingen, die ebenfalls nach Budapest gingen, wie auch der Klausenburger Bertalan Székely und sein ebenfalls ausgezeichneter Schüler Jenő Gyárfás.

Zur gleichen Zeit kamen auch Künstler nach Siebenbürgen, um hier bedeutende Aufträge zu übernehmen, wie János Fadrusz, der die berühmte Reiterfigur von König Matthias 1902 in Klausenburg schuf.

Im künstlerischen Leben der Sachsen war es im 19. Jh. nicht anders, als es in der Vergangenheit auch gewesen war, Künstler aus Deutschland und Österreich gewannen besondere Geltung.

Am bekanntesten waren in der Mitte des Jhs. der Wiener Theodor Glatz (1818–1871), der Landschaften zeichnete und malte und sein Landsmann B. Theodor Sockel (1815–1861), der vor allem das wohlhabende Hermannstädter Bürgertum porträtierte.

Um 1880 trat ein Schülerkreis, Absolventen der sächsischen Gymnasien, darunter auch Rumänen, in Erscheinung. Nach der im Jahre 1887 veranstalteten ersten Hermannstädter Kunstausstellung, an der auch Budapester und Wiener Künstler teilnahmen, wurden die »Gymnasiasten« bekannt. Zu den namhaftesten unter ihnen gehören der Kronstädter Friedrich Mieß (1854–1933), Robert Wellmann (1866–1910) und das Freundespaar Arthur Coulin (1869–1912), ein Vorläufer der modernen sächsischen Malerei, und der Rumäne Octavian Smighelschi (1869–1912), der die griechisch-orthodoxe Kirche in Hermannstadt ausmalte. 1908 bekamen beide den »Rom-Preis« der Budapester Frankoi-Stiftung und zogen nach Italien. Ebenfalls aus dieser Künstlergruppe hat sich als Kirchenmaler, aber auch als Porträtist, der Rumäne Misu Pop (1827–1892) einen Namen gemacht.

Fritz Schullerus (1866–1898), ebenfalls Gymnasiast, begann als Historienmaler; seine ersten Bilder aus diesem Themenkreis wurzeln mit ihrer dunklen Farbigkeit noch stark in der Tradition. Später fand er jedoch zu einem ansprechenden Naturlyrismus.

Der Schäßburger Karl Ziegler (1866–1945) besuchte die Berliner Akademie, blieb mit seinen monumentalen Kompositionen dem dort Gelernten treu und wurde später Professor an der Königsberger Akademie.

Von den sächsischen Bildhauern ist Harro Magnussen (1861–1908) zu erwähnen, der das bekannte Honterus-Denkmal schuf, bei dem jedoch nur die Bedeutung des Dargestellten nicht aber die künstlerische Gestaltung Aufmerksamkeit erregt.

Ganz neue Wege ging Hans Matthis Teutsch (1884–1960), der als ein Bahnbrecher des Siebenbürger Expressionismus gilt. Sein Vater war Szekler, er wuchs aber in einer sächsischen Familie auf, deren Namen er auch annahm. Wie es nun nicht anders sein kann, zählen ihn beide Nationen, die Ungarn und die Deutschen zu den Ihren.

Die Baukunst im 19. Jahrhundert

In der Baukunst wirkte auch im 19. Jh. der Einfluß Westeuropas ungebrochen weiter. Spätbarock und Rokoko wurden in den ersten Jahrzehnten vom Klassizismus abgelöst, der bis zu Beginn der siebziger Jahre der meistangewandte Baustil war, sich aber schon seit etwa 1860 durch Anreicherung seiner Formensprache zum Neuklassizismus zu wandeln begonnen hatte. Gleichzeitig erreichten auch andere historisierende Strömungen Siebenbürgen, Neugotik, Neurenaissance und Neubarock. Sie wurden fast ohne Verzögerung angenommen. In fast allen größeren Städten entstanden repräsentative Bauten in einem dieser Stile. In Klausenburg erbaute Anton Kagerbauer von 1843–1846 das an florentinische Paläste erinnernde Rathaus im Stil der Neurenaissance, und fast gleichzeitig erweiterte er in Bonchida das Schloß durch einen neugotischen Flügel. Ebenfalls in Klausenburg wurde das prunkvolle neubarocke Nationaltheater errichtet.

Um die Jahrhundertwende kam es schließlich zum Eklektizismus, der letzten Steigerung in dieser Entwicklung. Bei der Gestaltung der Fassaden wurden die Elemente der verschiedensten Stile miteinander vermischt. In den Städten Siebenbürgens, ob von Ungarn oder von Sachsen bewohnt, ließ die Repräsentationslust Bauwerke im Stil der eklektizistischen Manier entstehen, wie z. B. die 1906 erbaute Bodenkreditanstalt in Hermannstadt.

Als Gegenbewegung gegen den Eklektizismus und dessen Nachahmung historischer Stile trat der Jugendstil mit seiner neuen Ornamentik hervor, was sich ganz besonders auf die Innenarchitektur und das Kunstgewerbe auswirkte.

Die eindrucksvollsten Bauten des 20. Jhs. sind in Neumarkt/Mieresch der von Dezső Jakab und von Marcell Komor entworfene Kulturpalast und das Rathaus. Diese Gebäude sind konsequent durchgestaltete Jugendstilbauten mit figürlichen Darstellungen, Mosaiken, Reliefs und Wandbildern. Einen besonderen Akzent bildet die Dachbedeckung mit farbigen Kacheln. Damit ist dieses Gebäude ein schönes Beispiel für die Verbindung von landschaftsgeprägter Eigenart mit der internationalen stilistischen Entwicklung.

Die moderne Kunst bekommt ihre Anregungen aus Bukarest, darunter auch die Impulse aus der Bauhaus-Szene. Viele neue kommunale Bauten, wie Rathäuser und Kathedralen, wurden eilig nach 1920 gebaut, wobei der byzantinische Stil der Walachei als Vorbild diente.

Im heutigen Siebenbürgen werden von den rumänischen Machthabern die Schöpfungen und Zeugnisse der 1000 Jahre alten, westlich geprägten Kultur oft aus engherzigem Chauvinismus dem Zerfall überlassen.

Burgen und Adelssitze

Die Kultur Siebenbürgens bliebe ganz unvollständig beschrieben, wenn man neben den Kirchburgen und den Städten die befestigten Landsitze des Adels nicht einbezöge.

In fast allen Teilen Siebenbürgens findet man Burgen oder Burgruinen, die nicht nur eine pittoreske Belebung dieser an historischen Denkmälern so reichen Landschaft bewirken, sondern uns zugleich die extreme Gefährung des Landes und seine Wehrhaftigkeit bewußt werden lassen.

Unter diesen Wehranlagen gibt es eine Vielfalt verschiedener Typen, einfache Wach- und Wohntürme, königliche Burgen, Ritterburgen, Grenzburgen und Burgschlösser. Einige dieser Burgen gehen in ihrem Usprung noch auf frühgeschichtliche oder antike Zeit, z. B. auf Wachtürme der Römer, zurück, andere entstanden zur Zeit der Landnahme der Ungarn. Stephan d. Hl. befahl dann im 11. Jh. nicht nur den Bau von Kirchen sondern auch den Bau von Burgen zur Verteidigung des jungen Königreiches.

Gleich dem König und den städtischen und ländlichen Gemeinden errichteten sich auch die adeligen Familien später wehrhafte Wohnstätten. Die adeligen Burgschlösser hatten ähnliche einfache Grundformen wie die ungarischen Burgen des Flachlandes. Der Grundtypus, die bodenständigste und beliebteste Form, ist ein viereckiger Bau mit Innenhof, der an den Ecken mit runden oder quadratischen Basteien versehen ist. Um die Verteidigungsfähigkeit zu sichern, variierte man im Laufe der Zeit die Anlagen entsprechend neueren Wehrtechniken, was vor allem die Form der Türme und Basteien betraf.

Neben diesen aufwendigen Bauten gab es aber natürlich auch unzählige einfachere Adelshäuser, die nur aus einem rechteckigen Gebäude bestanden. Im allgemeinen war die äußere Erscheinung aller Häuser schlicht. Die glatten weißen Wandflächen wurden nur durch die symmetrische Plazierung der Türme und Fenster aufgelockert. Arkadengänge hatten die Funktion der Kühlung und des Schattenspendens. Häuser mit farbigen Fassaden bildeten die Ausnahmen. Die einfacheren Gebäude, die sogenannten Curien, waren nicht selten mit Holzschindeln bedeckt, während bei reicheren Häusern manchmal auch glasierte Dachziegel verwendet wurden. Eisenblechwimpel und kugelförmige Dachzierden schmückten das Dach. Eine wichtige Rolle spielten die Wappen, nicht nur als Schmuckelemente. Lateinische Inschriften und Sinnsprüche waren ebenfalls beliebt. Die Erbauer der Schlösser und kleineren Adelssitze, der Curien, waren sichtlich bemüht, ihr Haus in einer schönen und angenehmen Umgebung zu plazieren. Die Verteidigungsfähigkeit mußte dabei natürlich berücksichtigt werden, aber auch praktische Gründe wurden bedacht. So mußte der Sitz der Familie auch für die landwirtschaftlichen Kräfte leicht erreichbar sein. Meistens lagen die Adelssitze am Anfang oder am Ende des Dorfes und bildeten ein Zentrum des Wirtschaftslebens der Region. Bevorzugt wurde die Lage in der Nähe von Seen oder Flüssen, um die Tiere leichter mit Wasser versorgen zu können. In manchen Fällen suchte man aber auch einen unzugänglichen, versteckten Platz, um einen zusätzlichen Schutz vor Angriffen zu haben, wie beispielsweise in Kreisch.

Aus Überlegungen der Verteidigung wurden die verschiedenen Höfe durch Mauern, Ziehtore, Brücken und Wassergräben getrennt. Innerhalb dieser Anlagen hatte das Haupthaus nicht unbedingt einen vorgeschrieben Platz. Die Wirtschaftsgebäude, Stallungen und Scheunen standen einmal vor, einmal hinter dem Wohnhaus, das manchmal auch rundum von Nebengebäuden umgeben war. Neben englischen und französischen Parkanlagen findet man eigentümliche Mischgärten, in denen Blumen und Nutzpflanzen in einem Bereich zusammengefaßt wurden. Dabei waren Gemüsepflanzen,Rettiche, Zwiebeln und Erbsen nicht selten von Rosenborten umrahmt. Obstbäume, Weinlauben etc. gehörten ebenfalls dazu.

Die Törzburg

Um das Land vor Angriffen zu schützen, bedienten sich die ungarischen Könige auch Fremder. So wurde der deutsche Ritterorden 1211 ins Land gerufen, der die Verteidigungsaufgabe gegen die Kumanen zu übernehmen hatte. Ihm wurde zuerst verwehrt, steinerne Burgen zu bauen, was er aber trotzdem tat. Der Ritterorden erbaute mindestens fünf steinerne Burgen, von denen noch zwei Ruinen, (die Marienburg und die Burg Zeiden) und die Törzburg vorhanden sind. Der Orden wurde bald, wegen seiner Unabhängigkeitsbestrebungen vom König wieder aus dem Land vertrieben.

Man vermutet, daß an Stelle der jetzigen Törzburg vormals eine Holzburg gestanden hat. Heute ist die Törzburg eine der malerischsten Burgen des Landes. Sie liegt südlich von Kronstadt, etwa 30 km von der ehemaligen ungarisch-rumänischen Grenze entfernt auf dem felsigen Gipfel eines Berges. Sie ist schon von weither sichtbar und übt mit ihrer, um einen fünfeckigen Innenhof gebauten Anlage große Anziehungskraft auf die Besucher Siebenbürgens aus.

Die Geschichte der Törzburg ist bewegt und turbulent, nicht nur wegen der häufigen Belagerungen, sondern auch wegen der Streitigkeiten, die sich aus den ungeklärten Besitzverhältnissen ergaben. Der Ritterorden erbaute sie zwischen 1211 und 1215 auf Geheiß Ludwig d. Großen, und nach dem Abzug der Ritter ging sie wieder in königlichen Besitz über. Zur Zeit der Hunyadis, in der Mitte des 15. Jhs. und auch später, bemühten sich die Kronstädter, die Törzburg zu erwerben. Es gelang endgültig erst 1651 für die Summe von 11 000 Forint. Bei der Vereinbarung wurde festgelegt, daß, wie schon in früheren Zeiten, der Burgkapitän ein Ungar sein müßte.

Gekämpft wurde um die Törzburg sehr oft. 1530 haben die Szekler sie gegen den Woiwoden Moses verteidigt. Ein anderes Mal, im Jahre 1660, wurde sie wiederum von den Szeklern belagert und eingenommen, indem diese im Dunkel der Nacht die Burg erkletterten und in ihre Gewalt brachten. Gegen die Truppen von Emerich Thököly wurde sie von den Kaiserlichen verteidigt. Auch ein Blitzschlag verursachte 1619 sehr großen Schaden, doch dieser, wie alle vorherigen Zerstörungen, wurde behoben. Die Burg konnte trotz all der vielen Wiederinstandsetzungen und Umbauten ihren mittelalterlichen Charakter bis heute bewahren.

In der neueren Zeit wurde die Burg der Königin Zita zum Geschenk gemacht und ging nach 1918, als Siebenbürgen zu Rumänien geschlagen wurde, in den Besitz der rumänischen Königin Maria über.

Die Hunyadi-Burg

Durch ihre besonderen historischen Beziehungen zum Schicksal Ungarns ragt die Burg Hunyadi in Eisenmarkt unter allen siebenbürgischen Burgbauten heraus. Sie wird zu Recht als die schönste und wichtigste ungarische Burg gepriesen. Daher ist es auch kein Zufall, daß aus Anlaß der Millenium-Feier um die Jahrhundertwende ihre Nachbildung im Budapester Stadtwald errichtet wurde und sich noch heute dort befindet.

Die Hunyadi-Burg ist eine Ritterburg mit allen typischen Merkmalen: Zugbrücke, Basteien, Wehrgängen, Türmen und Barbakanen. Die Türme haben nach Siebenbürger Art hintersinnige Namen, wie Fürchtedichnichtturm, Folterturm und Lilienturm. Viele schmükkende Details, wie Ziertürmchen und Arkaden geben dem Bau ein bewegtes äußeres Ansehen. Auch die Hofseite bietet eine interessante Architektur mit dekorativem Treppenaufgang und gotischer Loggia, in der sich noch Reste spätromanischer Wandmalereien befinden, die sich auf eine Legende von János Hunyadis Abstammung von König Sigismund beziehen.

Die Innenräume sind von großzügiger Pracht. An der Westseite befinden sich zwei übereinanderliegende Rittersäle (30 x 12 m) mit gotischem Kreuzrippengewölbe. In der Mitte dieser Hallen stehen achteckige Marmorpfeiler, die sie in zwei Schiffe teilen. Der obere Saal ist etwas niedriger und wird Saal der Reichsversammlung genannt. Beide sind durch eine Wendeltreppe verbunden.

Die Schloßkapelle wurde 1446 erbaut und beherbergt das Grabdenkmal des János Hunyadi.

Die Hunyadi-Burg ist eine der sieben königlichen Burgen Siebenbürgens (Algyógy, Arany, Déva, Marosillye, Marossolymos und Város). Ihre Gründung geht auf das 13. Jh. zurück, als hier nach dem Tatareneinfall eine Burg, noch ohne Turm, errichtet wurde. Ihr wichtigster Bauherr war János Hunyadi, Woiwode von Siebenbürgen. 1452 erfolgte eine prachtvolle Umgestaltung. Die Witwe Hunyadis, Elisabeth Szilágyi, veranlaßte später einen weiteren Ausbau. Große Namen stehen mit dieser Burg in Verbindung. König Matthias, welcher der Hunyadi-Familie entstammte, hatte hier zeitweise gewohnt. Gabriel Bethlen fügte ab 1618 den östlichen Trakt und das Rondell an der Südostecke hinzu. Graf Thököly und Fürst Apafi lebten ebenfalls in diesen Mauern. Der Dichter Petőfi und General Bem waren als Gäste hier.

Der Bau selbst zeigt sicherlich manch Verwandtes, mit französischen Ritterburgen, doch in einfacher, ungarischen Stilcharakteristika entsprechender Formgestaltung.

Die Hunyadi Burg diente 1784 während des Aufstandes der rumänischen Leibeigenen als Fluchtburg für den Adel der Umgebung. Als zur Zeit der Habsburger Joseph II. in Ungarn 296 Burgen sprengen ließ, um den rebellischen Ungarn ihren Rückhalt zu nehmen, sollte auch die Hunyadi-Burg geschleift werden, konnte aber doch vor diesem Schicksal bewahrt bleiben.

Heute steht in unmittelbarer Nähe der Burg das größte Eisenhüttenwerk Rumäniens, das nicht nur das Milieu der Anlage in brutalster Art verfremdet, sondern mit seinen rußigen, vollkommen ungefilterten Rauchschwaden auch die Steinsubstanz der ehemals strahlend weißen Burg schwarz färbt und zerstört.

Fogarasch

Das Gebiet von Fogarasch ist identisch mit der in einer Urkunde Andreas II. 1222 erwähnten »terra Blaccorum« (Land der Walachen). Hier, im südlichen Siebenbürgen, zwischen dem Flusse Alt und den Karpaten, lebten walachische Stämme.

Die Burganlage Fogarasch, am südlichen Flußufer des Alt gelegen, gehört ebenfalls zu den großen und historisch bedeutsamen Burgen Siebenbürgens. Ein 80 m breiter, vom Alt gespeister Wassergraben umgibt den massigen Bau, den außerdem noch eine mächtige, mit Basteien versehene, Verteidigungsmauer schützt.

Das heutige Schloß besteht aus dreigeschossigen Wohnbauten, die um ein schiefes Rechteck gruppiert und mit Basteien versehen sind. Wie wir aus der Geschichte Fogarasch's wissen, war diese starke Befestigung nötig, denn es gab Zeiten, in denen die Burg fast in jedem Jahr belagert wurde. Der Verteidigung diente weiterhin eine starke Bewaffnung. Aus einem Inventar des Jahres 1673 entnehmen wir, daß in der Burg eine große Zahl von Kanonen vorhanden war. (Im Gefängnis des Schlosses befanden sich u. a. Eisenketten für die Füße von 75 Menschen, jedoch nur 14 Paar Handschellen).

An der Westseite befindet sich ein schöner großer Saal mit Spätrenaissancebögen. In ihm wurden unter dem Fürsten Apafi, der in Fogarasch 1690 auch starb, die Landtage abgehalten, denn damals war Fogarasch die Hauptstadt Siebenbürgens. Die Gemächer im Südteil des Schlosses wurden von den Prinzen bewohnt.

Die Besitzverhältnisse waren sehr wechselhaft. Ladislaus Apor errichtete 1310 den ersten Bau. Zu den frühen Besitzern im 14. Jh. zählte auch ein Fürst aus der Walachei, Fürst Vlad, der »vojvoda transalpinus«, der Woiwode hinter den Bergen. Er hatte von Ludwig I. die Lehnsherrschaft über Fogaras erhalten, zum Dank für seine Verdienste bei der Ansiedlung von Rumänen. Vlad war jedoch nicht selbständiger Herrscher, er bat 1372 den König, den er als seinen natürlichen Herrn, »domino nostro naturali«, bezeichnete, um die Bestätigung seiner Lehnsherrschaft.

König Matthias vergab die Burg zweimal, 1464 an Johannes Geréb von Vingart, einem deutschstämmigen ungarischen Adeligen, der später das Amt des siebenbürgischen Woiwoden bekleidete, und am Ende des Jahrhunderts schenkte er sie seinem Sohn Johannes. Später wurde der königliche Besitz von Ferdinand I. einem anderen siebenbürgischen Woiwoden, Stephan Majláth, zugesprochen, der 1538 wesentliche Teile hinzubauen ließ. Seit 1566 war Fogarasch dann fürstlicher Besitz, aber nicht die Fürsten hatten die Besitzrechte, sondern deren Frauen, die Fürstin Bethlen, die Fürstin Rákóczi und die Fürstin Apafi. Als die Burg wieder an die Habsburger fiel, verpachtete Maria Theresia sie 1762 für 99 Jahre der Sächsischen Nationaluniversität.

Heute beherbergt die Anlage eine Künstlerwerkstatt, ein historisches Museum, ein Touristenhotel und ein Restaurant.

Keresd (Kreisch)

Burgen und Schlösser führen ein Schattendasein in Siebenbürgen. Auf diesem Gebiet sind die schmerzlichsten Verluste an wertvollem Kulturgut zu verzeichnen. Die Vernachlässigung oder gar der Abbruch geschah aus zwei Gründen. Einerseits sollte die Kultur der früheren Herren des Landes verschwinden, andererseits stellten sie, im Sinne der kommunistischen Ideologie, überflüssige Relikte der feudalistischen Klassenherrschaft dar. Zu der milderen und langsameren Form der Vernichtung gehörten auch die unzweckmäßige Nutzung und das Unterlassen jeglicher Pflege. Dieser Kulturstrategie fiel auch die Burg Keresd zum

Opfer, die eine der schönsten im Lande war. Sie liegt in der Nähe von Schäßburg am Ufer des Dános-Baches, in einer herrlichen Hügellandschaft, von jahrhundertealten Bäumen umgeben, so versteckt, daß es nicht nötig war, sie mit Befestigungsanlagen zu versehen. Man nennt sie die »unauffindbare Burg« und auch heute führt kein Weg dorthin. Der Grundstein des Baues wurde 1443 gelegt, aber der größte Teil stammt erst aus dem 16.-17. Jh., als die Burg in den Besitz der Bethlens kam. Hier schrieb übrigens Wolfgang Bethlen die Geschichte Siebenbürgens (Historia Transilvaniae). Keresd, das auch als Burgschloß bezeichnet wird, ist ein gutes Beispiel für die Anwendung italienischer Bauformen, wie die italienischen Doppel- und Giebelfenster zeigen. Der Arkadentreppenaufgang steht in enger Verwandtschaft mit dem des Sárospataker Perényi Schlosses in Ungarn.

Diese ehemals wunderschöne Anlage bietet heute ein Bild des Jammers, obwohl sie noch vor einigen Jahrzehnten in hervorragendem Zustand war. Erst zwischen den beiden Weltkriegen haben ihre Besitzer das Schloß verlassen. Heute zerbröckelt es Tag für Tag immer mehr, die Wände stürzen ein, Fenster und Türen sind herausgerissen. Seine geschnitzte Pracht und die mit Wappen versehenen Ziersteine, liegen zwischen wildwucherndem Unkraut im Hof zerstreut.

Bethlenszentmiklós (Klosdorf)

Kaum ein anderes herrschaftliches Haus ist so mit Siebenbürgens Geist und Baugesinnung verbunden wie das südwestlich von Kokelburg gelegene Schloß Bethlenszentmiklós. Der Bauherr, der spätere siebenbürgische Kanzler Nikolaus Bethlen, war zugleich der Architekt. Er studierte an der Akademie von Utrecht und Leiden und erweiterte seine Kenntnisse über die Baukunst noch durch umfangreiche Reisen nach Frankreich und Italien. Das so gewonnene Wissen verwertete er bei seinem um 1667 begonnenen Schloßbau in Bethlenszentmiklós. Die Adaption italienischer bzw. venezianischer Bauformen begegnet uns bei den palladianischen Arkaden. Gewiß sind diese etwas schwerfälliger und erdgebundener als ihre Vorbilder in Italien, sie entsprechen aber eben dadurch ganz dem eigentümlichen Charakter der Baugesinnung des Landes. Die palladianischen Arkaden wurden das beliebteste Baumotiv in ganz Ungarn, das sowohl von der herrschaftlichen Architektur, wie auch von der bäuerlichen übernommen wurde. Bei Bethlenszentmiklós verbinden sich die konstruktiven Ideen westeuropäischer Baukunst mit der landesspezifischen Bauweise besonders harmonisch. Der typische quadratische Grundriß mit den Ecktürmen ist tief in der siebenbürgischen Tradition verwurzelt. Auch in der Gestaltung mancher schmückender Details werden die Spielarten der siebenbürgischen Volksarchitektur sichtbar. Erst in den vergangenen Jahren begann der Verfall des Schlosses. Einige Räume werden aber noch genutzt.

Küküllővár (Kokelburg)

Die Küküllővár liegt nordöstlich von Blasendorf, östlich des Flüßchens Kleiner Kokel. Auch bei ihr begegnet uns wieder der beliebte quadratische Bau mit Ecktürmen. Es war in Siebenbürgen gang und gäbe, daß die Mitglieder des Hochadels für ihre politischen oder soldatischen Verdienste mit Burgbesitz und den dazugehörigen Ländereien belohnt, im Falle der Untreue bzw. des Verrats mit dem Verlust des Kopfes und Besitzes bestraft wurden. Dementsprechend ist auch die Geschichte dieser Bauten sehr turbulent, und es fand relativ häufig ein Besitzwechsel statt. Bereits 1197 existierte hier eine königliche Burg. König Johannes Zápolya konfiszierte sie und schenkte sie seiner Frau Isabella. Von ihr bekam sie für kurze Zeit Georg Martinuzzi. Von 1570–1580 wurde die Burg vollkommen umgebaut, die Apafis, Thökölys und Bethlens sind die weiteren Besitzer. Nach der Wahl Michael Apafis zum Landesfürsten am 14. September 1661 fand an der Kokelburg ein großes Gelage statt, worüber der Türke Evlija Tschelebi, der damals Siebenbürgen bereiste, in anschaulicher Weise aber mit viel orientalischer Übertreibung wie folgt berichtet: »Auf der Wiese wurden ungarische Teppiche ausgebreitet und mit Brotlaiben geschmückt. 40 reinweiße Brote wurden einzeln von je einem von Ochsen gezogenen Karren hergebracht. Jedes Brot war 20 Schritt lang, 5 Schritt breit und mannshoch. Gott ist mein Zeuge, daß es so war....

Außer dem Brot gab es für die Gäste noch 300 Ochsen, Schafe, Hammel, Lämmer, Hühner, Tauben und schnellgebratenen 'Rinderbratenschmaus'. Zusammen gab es 3000 Hammel, 3000 Lämmer und 600000 kleine Brote. Darüber hinaus 100 Kessel mit einer Schrotjoghurtsuppe. Auf den Tischen der Vornehmen, auf 1000 Kupferplatten, Speisen der feinsten Art. Die Größe des Tisches der Hauptleute habe ich abgeschritten, es waren 500 Schritte. Außerdem schenkte Apafi seinen sieben Hauptleuten je eine mit 6 Pferden bespannte, mit Glasfenstern versehene Kutsche.«

1757 erwarb der Hofkanzler Gabriel Bethlen die Burg, doch ging sie bald durch Tausch an dessen Bruder, den Grafen Nikolaus Bethlen über. Dieser baute die Burg um und versah die Ecktürme mit den charakteristischen kegelförmigen Dächern.

Im Keller der Burg befindet sich heute eine Sektkelterei.

Marosvécs (Wetsch)

Auf der rechten Seite des Mieresch, nördlich von Sächsisch-Regen liegt Marosvécs.

Für die siebenbürgischen adeligen Burgen ist Marosvécs ein Musterbeispiel und eine der ältesten in ihrer Art. Die erste Erwähnung stammt aus dem Jahre 1228. Ursprünglich war der mit Türmen versehene quadratische Bau von einem 15–30 m breiten und 4–6 m tiefen steingepflasterten Wassergraben umgeben.

Die früheren Besitzer waren die Mitglieder der Familie Losonczy-Bánffy. Nach der Überlieferung wurden hier Teile des berühmten Gesetzbuches, des »Dreierbuches« von Stephan Werbőczi geschrieben. Zu den zahlreichen Besitzern gehörten die Familien Báthori, Bocskai, Rákóczi und seit 1648 die Familie Kemény.

Im Jahre 1926 wurde hier auf Initiative von Baron Johannes Kemény die siebenbürgisch-ungarische literarische Gesellschaft Helikon gegründet. Ein Sonderfall ist es, daß Baron Johannes Kemény, der der Familie der Besitzer angehört, 1971 im Park des Schlosses beerdigt wurde.

Szárhegy

Unter den vielen verfallenen Burgen und Schlössern bildet das Lázár-Schloß eine rühmliche Ausnahme. Der verlassene und ruinöse Bau wird seit den 70er Jahren restauriert. In den zwei wiederhergestellten Basteien ist ein Museum untergebracht. Das Schloß liegt im nördlichen Szeklerland, am Ostrand des Maroschbeckens, nur einige Kilometer von Gyergyószentmiklós entfernt. Der imposante Bau liegt an einen Bergabhang geschmiegt. Sein Grundriß ist quadratisch, ebenso wie die Basteien, eine Ausnahme bildet nur die nordwestliche Bastei mit ihrer sechseckigen Form. Der massive Eingangsbau und die Mauern, die zu den Basteien führen, tragen Renaissanceverblendungen. Der früheste Bau wurde laut Inschrift 1532 beendet, Erbauer des Schlosses war die Familie Lázár von Szárhegy. Ein Mitglied der Familie, Bálint Lázár, war Königsrichter und Szeklerhauptmann.

Historische Relevanz gewinnt dieses interessante und schöne Schloß dadurch, daß hier der große Staatsmann und Fürst von Siebenbürgen, Gabriel Bethlen, ab seinem 10. Lebensjahr bei seinem Onkel Andreas Lázár aufwuchs. 1631 erfolgte ein Umbau des Hauses.

Interieur

Die Aufteilung der meist zweistöckigen Burgbauten war so geordnet, daß die Familie das obere Geschoß bewohnte, während sich unten Wirtschaftsräume, Küche, Waschküche, Backstube und Personalräume befanden.

Das schönste und am reichsten ausgestattete Zimmer war das »Palota« (Palast), wie es in den alten Urkunden bezeichnet wird. Hier wurden auch die Gäste untergebracht. Dem Palastzimmer gegenüber wohnte die Dame des Hauses im »Asszonyháza« (Frauenhaus). Dieses Zimmer war mit mehr Textilien geschmückt und hatte eine weichere Atmosphäre. In diesem Raum stand auch das Kinderbett. Weitere Zimmer waren das »Urháza« (das Haus des Herrn), das dem täglichen Aufenthalt, aber auch als Schlafzimmer diente, denn es hatte häufig einen abgetrennten Schlafteil. Seine Einrichtung war verhältnismäßig einfach, jedoch waren die Wände mehr oder weniger mit Textilien bedeckt. Im Raum befanden sich einige kleinere und größere Tische, eine Schreibzeugtruhe und auf dem Boden lagen Teppiche und Felle. Die Waffen hingen offen an den Wandhaken. In einigen Häusern befand sich auch eine Bibliothek. In jedem Schloß gab es natürlich auch einen größeren Raum, der als Speisezimmer diente. Die Einrichtung unterschied sich nicht wesentlich von der westeuropäischen Wohnkultur. Allerdings waren ungewöhnlich viele Teppiche in den Räumen ausgelegt und an den Wänden befestigt.

Die Innenarchitektur ist nicht ohne ordnende und schmückende Zierelemente. Im wesentlichen beschränkte sie sich aber auf die Türeinfassungen, die sehr schöne Steinmetzarbeiten aufweisen, und auf die allerdings seltener auftretenden Kassettendecken, die mit malerischem Dekor versehen sind. Dabei wurde Blumenschmuck bevorzugt, nur in der Mitte ist häufig das Familienwappen plaziert. Die Fensterrahmen setze man meistens grün ab, die hölzernen Treppenaufgänge und Arkaden waren ursprünglich ebenfalls farbig gefaßt. In den vornehmsten Häusern sind die Türen mit Intarsien geschmückt.

Bei der architektonischen Gestaltung der Innenräume spielte auch die Auswahl der Materialien bei den Fußböden eine Rolle. Es gibt einfache Steinplatten, Böden mit figuralem oder blumigem Dekor, z. B. in Szentbenedek, Marmorfußböden in Eisenmarkt und auch einfache Holzböden.

Es ist merkwürdig, daß in diesem wahrlich waldreichen Land die Wände in den Schlössern und Herrenhäusern nicht mit Holz getäfelt wurden. Um in den Räumen die Wärme zu halten, kleidete man die Wände mit Textilien aus. Überhaupt fanden Textilien im Wohnbereich größere Anwendung als in Westeuropa. Die alten Inventare enthalten immer eine große Zahl von Teppichen und Decken verschiedenster Farben, Muster und Provenienzen.

In den reicheren Häusern gab es Gobelins aus Flandern, Wandbehänge aus Italien, Wien und Polen. Bedrucktes Leinen und Ledertapeten waren ebenfalls bekannt. Durch den Kronstädter Teppichhandel gewannen orientalische, türkische und persische Teppiche eine besondere Beliebtheit. Während die sächsischen Bürger Orientteppiche als fromme Gabe, aber auch als ein Zeichen ihrer gesellschaftlichen Stellung der Kirche stifteten, wurden Orientteppiche von den Ungarn zu Hochzeiten verschenkt. Es kam vor, daß bei besonderen Gelegenheiten, z. B. dem Empfang von Gästen, die Räume extra mit Teppichserien ausgekleidet wurden, darunter Bildserien von Alexander d. Gr., Julius Cäsar und Szenen aus der griechischen Mythologie. Es wird darüber berichtet, daß man die Wandverkleidungen auch im Rhythmus der Jahreszeiten wechselte. Dies hatte nicht nur ästhetische, sondern auch hygienische bzw. gesundheitliche Gründe. Die Teppiche boten Schutz gegen die Feuchtigkeit und Kälte der Wände.

Die Inventare nennen verschiedene Materialien wie Seide und Samt aus Italien, niederländisches Leder und flandrische Gobelins. Darüber hinaus gab es aber auch sächsische und Szeklerteppiche aus einheimischer Wollproduktion, die im Inventar als »geringwertig« bezeichnet waren.

Häufig wurden zur Ausschmückung der Räume auch Tierfelle verwendet, darunter Tiger- und Leopardenfelle (aus Konstantinopel) sowie Felle von einheimischen Tieren wie Bären, Wölfen und Luchsen.

In Siebenbürgen war die Möbelkunst im 16. Jh. von der Toskana beeinflußt und später im 17. Jh. macht sich ein starker Einfluß der Niederlande bemerkbar.

Die meisten aber der hier entstandenen Möbel haben ihre Vorbilder in dem west- und südeuropäischen Raum, vermischt mit landeseigenen Zügen.

Im Gegensatz zu den Architekten, die aus dem Ausland kamen, waren die Möbeltischler Einheimische, abgesehen von evtl. hier tätigen Wandergesellen.

Es sind nur zwei Möbeltypen zu nennen, die von den einheimischen Ungarn geprägt worden sein könnten, und zwar ist es die mit Tulpen verzierte Truhe und ein Aufsatzschrank, der sogenannte Pohárszék, der aus einem kastenartigen Unterteil mit Scharniertür und einem schmaleren Aufsatzteil besteht.

Es kam öfter vor, daß Adelige und wohlhabende Bürger ihre Möbel direkt aus dem Ausland, namentlich aus Österreich oder Deutschland, bezogen, die dann später auch als Vorbild für die einheimischen Tischlermeister dienten. Diese lernten nicht nur die Technik, sondern übernahmen auch die Schmuckformen. Wir wissen von Gabriel Bethlen, daß er sich seine

Einrichtungen hauptsächlich aus Deutschland und Flandern und die Kristallgegenstände aus Venedig besorgte.

Die Beheizung der Räume erfolgte durch Öfen aus schöner Keramik, den sogenannten Bokály-Öfen, die häufig von einem anderen Raum aus zu befeuern waren. Sie erfüllten nicht nur einen praktischen Zweck, sondern waren auch ein sehr schöner Ausblick.

Einzug des Barocks

Schlösser und Paläste

Die Herrschaft der Habsburger brachte ein neues Lebensgefühl. Es waren nicht nur die Gegenreformation und der katholische Glaubenseifer, die sich ausbreiteten, sondern eine leichtere österreich-wienerische Lebensart fand in den Kreisen des Adels Anklang. Der Hochadel fuhr gern nach Wien und lernte dort an Ort und Stelle die barocke Daseinsfreude kennen. Eine ganze Reihe der siebenbürgischen Adeligen wurde in den Grafen- und Baronenstand erhoben. Beeindruckt von den Annehmlichkeiten des Lebens im Westen kehrten sie dann heim und bauten zu Hause, dem neuen Zeitgeist angepaßt, elegantere Häuser, Schlösser und Paläste, bei denen nicht mehr die Wehrhaftigkeit, sondern das angenehme Wohnen und die Bequemlichkeit im Vordergrund standen. Für Zugbrücken, Schießscharten, Basteien, Wehrgänge etc. bestand kein Bedarf mehr.

Adel und Kirche nahmen die neue Baugesinnung auf und gaben die barocken Stilformen bis zu den bäuerlichen Schichten weiter. Die ländliche Architektur empfing schon früher gestalterische Impulse von den Adelsbauten. Ein bekannter Bautyp bei Curien und Schloßbauten ist der arkadenversehene Giebelvorbau, z. B. in Vargyas, Zabola und Uzon. Diese Vorbauten erheben sich häufig über der Kelleröffnung. Gern wurde diese Form angewandt und gewann große Beliebtheit auch in der rumänischen Volksarchitektur.

Die Baumeister der Barockkunst kamen zunächst aus Österreich und Süddeutschland. In Klausenburg fand die neue Stilrichtung die erste Aufnahme, die Stadt war Auffangstation und Vermittler zugleich.

Alle Bereiche, die Baukunst ebenso wie die Sparten des Kunstgewerbes, wurden vom Barock erfaßt, doch blieb eine gewisse Beschränkung gegenüber den westlichen Vorbildern sichtbar; der Fantasie wurde nicht unbeschränkt freier Lauf zugestanden. Allzu laute und schwelgerische Töne wurden vermieden und ein gewisser Konservativismus sowie Stilmischungen mit den vergangenen Epochen sind immer wieder zu beobachten. In der Barockkunst Siebenbürgens offenbart sich wiederum ein eigenartiger, von der Landschaft und den Menschen geprägter transsilvanischer Geist, welcher einen ernsteren, doch liebenswürdigen Reiz ausstrahlt, der jedoch leicht als Provinzialismus simplifiziert und mißverstanden werden kann.

Bonchida (Bruck)

Nordöstlich von Klausenburg liegt das Schloß Bonchida, untrennbar mit Siebenbürgens Kulturgeschichte verbunden. Seit 1387 gehört das Schloß der Familie Bánffy. Es ist ein seltener Fall, daß ein Dominium jahrhundertelang und bis zuletzt im Besitz einer Familie blieb. Eine wichtige Bauphase fand zwischen 1748 und1753 statt, ausgeführt von Dénes Bánffy, dem Ratgeber und Oberstallmeister Maria Theresias. Er war einer derjenigen, die ganz und gar vom Geist des Barocks gefangen waren. Bánffy war ein Günstling Maria Theresias und Freund Kaiser Franz von Lothringens, ein gebildeter Kunstliebhaber, ein großzügiger, sorgloser, in wirtschaftlicher Beziehung etwas leichtsinniger Bauherr. Als leidenschaftlicher Pferdeliebhaber und Züchter erneuerte er sein Schloß in Bonchida und richtet eine Reitschule und einen Reitstall in großem Stil ein. Die Pläne dafür brachte er wohl aus Wien mit, sie stammen entweder von dem Sohn Fischer von Erlachs, Joseph Emanuel, oder aber von Jadot de Ville-Issey. Mit dem Namen Dénes Bánffy sind noch weitere umfangreiche Baumaßnahmen in Bonchida verbunden, so die repräsentativen Barockbauten, im Osten der große Vorhof, das Prachttor und die Skulpturengalerie mit 32 Figuren von Joseph Nachtigall. Das prachtvolle Innere des Schlosses schmückte man mit verspielten Stuckdekorationen, die Themen aus Ovids Metamorphosen (Perseus, Diana, Ganymed,

Actaeon, Medea, Theseus u. a.) darstellten. Die antike Mythologie fand hier – fern von Westeuropa – eine reizende Darbietung, äußerst kontrastreich im architektonischen Rahmen der riesigen Eckbasteien.

Bonchida besaß den schönsten englischen Garten in Siebenbürgen, der im ersten Drittel des 19. Jhs. nach den Plänen von Johannes László angelegt wurde.

Das Schloß Bonchida, dieses Kleinod siebenbürgischer Kultur, erlitt 1944 ein trauriges Schicksal. Sein wertvolles Inventar wurde von deutschen Soldaten entfernt und das Gebäude selbst angezündet. Damit ging ein bedeutendes Zeugnis siebenbürgischer Kultur zugrunde.

Schloß Geresznyeg (Kertzing)

Zwischen Sächsisch-Regen und Neumarkt/Mieresch liegt das schöne, von Graf Joseph Teleki gebaute Barockschloß Geresznyeg. Teleki absolvierte seine Studien im Ausland, er studierte selbst Architektur, bereiste Deutschland, die Schweiz und Frankreich. Beim Bau seines Schlosses nahm er selbst sehr intensiv an der Planung und Gestaltung teil. Der u-förmige, repräsentative Bau zeigt eine enge Verwandtschaft mit den in der Nähe von Budapest stehenden Schlössern. So wird eine Ähnlichkeit mit dem Schloß Grassalkovich in Gödöllő (später ein Geschenk an die Kaiserin Elisabeth), Nagytétény und Hatvan erkennbar. Eine Besonderheit in Gernyeszeg ist, daß hier, entsprechend der Jahreseinteilung, 365 Fenster und 52 Zimmer vorhanden sind. Zu dem Schloß gehört eine ehemals sehr schöne Parkanlage.

Mit der gräflichen Familie Teleki, deren Mitglieder gleichfalls eine große Rolle in der Geschichte Ungarns gespielt haben, ist das Klausenburger Palais und vor allem die großartige Teleki-Bibliothek in Neumarkt/Mieresch verbunden. Die Bibliothek wurde von Graf Samuel Teleki 1739–1822, dem Siebenbürger Kanzler, gegründet. Er selbst und seine Frau Susanne waren große Bücherfreunde. Sie haben zusammen 40 000 Bände gesammelt. Diese wurden von der Familie später der reformierten Kirche geschenkt.

Zsibó (Siben)

Im Norden Siebenbürgens liegt das schöne Schloß Zsibó, eine Perle der Barockkunst. Sein Erbauer war Graf Nikolaus Wesselényi. 1778 begann er mit dem Bau des Schlosses, nachdem er kurz zuvor den Militärdienst quittiert hatte, weil er es nicht ertrug, von seiner Frau getrennt zu sein. Der Name des Architekten ist unbekannt, es war wohl einer, der dem Klausenburger Baumeisterkreis angehört.

Die Einrichtung und Ausstattung des Hauses war außerordentlich prachtvoll. Die Tapeten und Möbelbezüge wurden aus Wien geholt, ebenso die Kronleuchter. Viele der Handwerker waren aber sehr geschickte Leibeigene des Gutsherrn, so die Maurer, Tischler, sogar Steinmetze. Für die feineren Arbeiten holte man ausschließlich Künstler aus Klausenburg.

Das Palais Bánffy in Klausenburg

Ein beeindruckendes architektonisches Denkmal Siebenbürgens ist der Bánffy-Palast in Klausenburg (1778-1785).

Wieder stoßen wir auf den Namen Bánffy. Diese Familie gehört, ebenso wie die Familien Bethlen und Teleki zu dem kleinen Kreis derer, die kulturell äußerst aufgeschlossen waren, die dem Lande dienten und im öffentlichen Leben bis in unsere Tage hinein eine wichtige und positive Rolle spielten. Das Palais ist ein Werk des Würzburgers Eberhard Johann Blaumann, der seine Anstellung in Hermannstadt als Stadtbaumeister leichten Herzens verließ, um stattdessen in die Dienste des Georg Bánffy zu treten. Blaumann vermochte den Geschmack des Bauherrn und somit die lokale Tradition (Arkadenhof) mit den internationalen Stilformen zu verbinden. Die Ausführung ist eine geglückte Synthese siebenbürgischer und europäischer Baugesinnung. Aus dem Vertrag Bánffys mit Blaumann erfahren wir viel über das Sachverständnis des Bauherrn und auch über seinen Anteil bei der Planung.

Auf reich mit plastischen Akzenten gestalteter Fassade konzentriert sich die imposante, doch freundliche Schönheit der Architektur. Sie atmet, ohne steife

Repräsentation, in all ihren Zügen unvergleichlichen siebenbürgischen Geist.

Über dem Portal befindet sich ein vorgewölbter Balkon, dessen auf schlanken Säulen ruhende Überdachung das von Greifen gehaltene Wappen der Familie Bánffy trägt. Die Fassade wird zu beiden Seiten durch Pilaster gegliedert. Die abschließende Attika schmückt eine Skulpturenreihe, von Urnen abwechselnd unterbrochen (Apollo, Diana, Mars, Pallas Athene), die dem Bau rokokohafte Leichtigkeit verleiht.

Das Palais der Bánffys in Klausenburg wirkte als Beispiel für den übrigen Hochadel. Die Familie Wesselényi, mit den Bánffys verwandt, baute das Schloß Zsibó ebenso in echtem barocken Geist und viele andere folgten.

Der Palast des Baron Samuel Brukenthal

Ein besonders markantes Beispiel österreichischen Barocks, das allerdings kaum siebenbürgische Züge trägt, ist der Gubernator-Palast des Barons Samuel Brukenthal in Hermannstadt (1778–1785). Es ist merkwürdig, daß man weder den Architekten noch den ausführenden Baumeister namentlich kennt. Dieser Palast ist der größte seiner Art in Siebenbürgen. Die prachtvolle Ausstattung und die hervorragende Bildergalerie sind ein Stolz des Sachsentums und ein Zeugnis der deutsch-europäischen Gesinnung des Stifters, der nicht nur die Interessen seines Volkes mit Umsicht und Erfolg zu vertreten wußte, sondern sich auch als Bauherr und Kunstsammler große Verdienste erworben hat.

Die Bildergalerie enthält Werke von deutschen, niederländischen und italienischen Meistern, Lucas Cranach d. Ä., Frans Hals, Dirik Bouts, Frans Snyders, P. P. Rubens, A. v. Dyck, Jordaens und Jacopo Palma sind unter vielen anderen vertreten.

Städte und ihre Bürger

Obwohl Siebenbürgen unter dem Namen Dacia eine römische Region war, kann die Kontinuität seiner Bevölkerung auch in den Städten nicht nachgewiesen werden. Denn das Straßennetz der Stadtkerne in Siebenbürgen weist nirgendwo Ähnlichkeiten mit den römischen Städten (Stadtpläne lassen häufig noch heute die von den Legionenlagern übernommenen Straßen erkennen) auf. Die urbanen Siedlungskonstruktionen in Siebenbürgen sind anders, als in den Städten Galliens oder Germaniens, die aus dem Altertum ins Mittelalter übergegangen sind. Sogar archäologische Funde lassen schlußfolgern, daß in den Städten römischen Ursprungs das Leben unterbrochen wurde, danach sollte alles von neuem angefangen werden.

Nur die in ihrer kulturellen Kontinuität sichtbare mittelalterliche feudale Gesellschaft ließ bleibende und sichtbare Zeugnisse zurück. Erst in dieser Zeit entstanden im romanischen und später im gotischen Stil die ältesten kunstgeschichtlichen Denkmäler der Bevölkerung Siebenbürgens.

Die Verbreitung dieser Kunstdenkmäler ist durch den Bogen der Karpaten begrenzt, nirgendwo drang dieser europäische Einfluß über die Berge, weder nach Osten noch nach Süden. Dort nämlich wurden die Ausläufer der spätbyzantinischen Kultur konserviert.

Die Städte Siebenbürgens wurden im Mittelalter gegründet, einige verhältnismäßig spät. Es gab sogar einige, die zweimal gegründet wurden.

Es ist offensichtlich, daß die dortigen Städte Handelszentren (in kleinerem Maße Handwerkerzentren) waren, zum Teil weisen ihre Namen darauf hin: Neumarkt (Marosvásárhely), Szekler Neumarkt (Kézdivásárhely) usw. (Vásárhely bedeutet im Ungarischen: Marktplatz). Andererseits hatten sie eine Verwaltungsfunktion. Bei vielen spielte diese Funktion die Hauptrolle. Das Beispiel Klausenburgs (Kolozsvár) beweist diese Vermutung. Hier im Stadtzentrum sind zwar römische Spuren aufzuweisen, doch die Entwicklung war nicht kontinuierlich. Im frühen Mittelalter, im 11.–12. Jahrhundert, wurde etwa anderthalb Kilometer vom heutigen Stadtzentrum Klausenburgs entfernt, auf dem Hügel von Appesdorf (Kolozsmonostor) eine Feldburg erbaut und darin ein Kloster der Benediktiner (Kirche mit drei Schiffen) errichtet. Der Beauftragte des Königs, der »Gespan«, hatte hier seinen Sitz. In dieser mit Schanzen verstärkten Siedlung wohnte das gemeine Volk in Erdbehausungen; unter ihnen gab es sicherlich auch Handwerker und Handelsleute. Doch diese Siedlung war nicht von langer Dauer. Tataren stürmten sie im Jahre 1241, verwüsteten die Stadt und töteten ihre Bewohner. Klausenburg mußte neu aufgebaut werden. Es wurden jetzt vor allem Deutsche und wieder auch Ungarn angesiedelt. Die im 13. Jahrhundert gegründete Stadt Klausenburg ist die größte Stadt Siebenbürgens; seit sieben Jahrhunderten werden hier die anwachsenden Werte der mittelalterlichen europäischen Zivilisation bewahrt. Auf dem Hauptplatz steht eine gotische Kirche, erbaut im Laufe des 14.–16. Jahrhunderts, mit neuen Details ergänzt, wie z. B. neuen Statuen und Reliefs. Die Namen der Straßen, die zum Hauptplatz führen, zeugen auch davon, daß ihre Bewohner anfangs nicht nur Ungarn sondern auch Deutsche waren (eine Straße hieß noch im Jahre 1910 »Innere Ungarnstraße«). Die Straßen wie Bierhaus-Straße (Sörház-utca), Binder-Straße (Kötő-utca), nach den Knopf-Bindern, Kleinmeister-Straße (Kismester-utca), Langseifen-Straße (Hosszúszappan-utca), Kurzseifen-Straße (Kurtaszappan-utca), Brot-Straße (Kenyér-utca) usw. bewahren die Erinnerungen an die damaligen Handwerker. Die mongolische Invasion im 13. Jahrhundert unterbrach das Städteleben im Karpatenbecken und an anderen Orten. So geschah es auch bei Thorenburg (Torda). Der Gründungsbrief des Klosters Garamszentbenedek (Nordungarn, heute Slowakei) aus dem Jahre 1075 erwähnt z. B. eine Burg (castrum) zwischen Thorenburg und Torockó am Ufer des Flußes Aranyos in Siebenbürgen. Aus den archäologischen Funden kann geschlossen werden, daß diese Siedlung im 13. Jahrhundert verwüstet wurde. Daraufhin wurde sie neugegründet, jedoch nicht an derselben Stelle. Die Siedlung aus dem 13. Jahrhundert ist bis heute bewohnt und heißt die Stadt Thorenburg. Die Städte Desch oder Weißenburg wurden ähnlich gegründet. Die Bedeutung dieser beiden Städte ist den einwohnenden Handwerkern und Handelsleuten im Mittelalter zu verdanken. Ähnliches findet man auch bei den sächsischen Städten, hauptsächlich bei Kronstadt, Hermannstadt, Bistritz, Mediasch, Schäßburg usw. In diese Städte zogen die Leute aus den umliegenden Dörfern.

Vergleichbare Stadtentwicklungen gab es auch im feudalen Europa. In Siebenbürgen, wo die Bergketten der Karpaten nicht nur abgrenzten, sondern über Pässe und Pfade Siebenbürgen mit Moldau und Oltenien verbanden. Die an den Handelstoren gegründeten Städte gelangten in eine vorteilhafte Lage. Ihre Position ist vergleichbar mit den Städten an den Alpengebirgswegen. Die Städte der Schweiz verdanken ihre rasche Entwicklung im Mittelalter dem Umstand, daß sie von dem Warenverkehr auf den wenigen Straßen profitieren konnten. So entwickelten sich auch die sächsischen Städte Siebenbürgens, und nach solchen Möglichkeiten strebten auch die Ungarn.

Die Bürger der Handelsstädte Siebenbürgens erschienen wie aus dem Nichts und wurden zu wohlhabenden Patriziern während einiger Generationen.

Die Rumänen hatten keine Städte, infolgedessen konnte sich bei ihnen lange Zeit auch kein Bürgertum bilden.

Die Städte hatten das Recht, Warentransporte anzuhalten. Die Handelsleute selbst lebten vom Warenverkehr. Sie zogen sowohl Nutzen aus Zollabgaben wie auch aus dem Handel. Schon im 13.–14. Jahrhundert gab es einen bedeutenden Handel mit Vieh, bzw. mit tierischen Produkten. Auf den Weiden hinter den Karpaten lebten die damaligen Schafhirten als Nomaden sowie auch Volksgruppen, deren Besitztum im Vieh und nicht im Ackerland bestand. Bei den Szeklern bedeutete ebenfalls der Viehbestand ein Unterpfand für das Leben.

Über die Pässe gelangten also Leder, Häute und Wolle in die nahen Städte Siebenbürgens u. a. nach Bistritz, Kronstadt, Hermannstadt, wo sie von Handwerkern bearbeitet wurden. Händler verkauften einen Teil dieser Produkte hinter den Bergen. Andere transportierten das im Osten besorgte Rohmaterial weiter gen Westen, entweder über Buda und Wien als Zwischenstationen nach Regensburg, Augsburg, Basel und Venedig oder durch Kassa (Kaschau) nach Prag, Krakau und sogar bis Danzig. Als Gegenwert wurden nach Südosten Gewürze transportiert. Es scheint, daß der Begriff »Levantewaren« zu der Zeit in den Regionen westlich des Schwarzen Meeres noch unbekannt war; die Gewürze mußte der Festlandhandel vom Westen her liefern.

Der Handel betrieb auch hier Zoll- und Steuerbetrug. Der König hatte schon in der ersten Hälfte des 14. Jahrhunderts die Zünfte verbieten lassen, doch im Jahre 1376 ließ er sie wieder zu. Die Sachsen waren damals schon in sieben »Stühlen« organisiert. In Schäßburg, Mühlbach, Broos und Hermannstadt, dort gab es schon damals 19 Zünfte. Metzger, Bäcker, Gerber, Kürschner, Schuhmacher, Handschuhmacher, Messermacher, Schneider, Hutmacher, Seiler, Tuchmacher, Fassbinder, Töpfer, Bogner, Vertreter von insgesamt etwa 25 Handwerken bildeten Zünfte, eine hohe Anzahl! Zur selben Zeit gab es in Augsburg z. B. nur 16 Zünfte. Es scheint, daß die Nähe der Pässe die Überlebenschancen der Handwerker begünstigte. Doch auch anderswo wuchs die Anzahl der Handwerker in den Zünften. Goldschmiede, Maurer, Tischler, Bleigießer, Steinmetze arbeiteten nach einer königlichen Niederschrift in den Werkstätten von Kronstadt, Mediasch, Klausenburg, Großwardein, Neustadt, Bistritz und Lippa. Die Eigentümer waren überall Zunftbrüder. Ihre Zunftbriefe sind noch in lateinischer Sprache abgefaßt: der der Schneider in Neustadt stammt aus dem Jahre 1412, derjenige der Metzger in Klausenburg von 1422, der Kürschner in Kronstadt von 1420, der Tuchmacher aus Klausenburg und der Gerber aus Kronstadt von 1471, der Kürschner aus Schäßburg von 1496, der Kürschner aus Bistritz und der Schneider aus Klausenburg von 1500, der Bogenmachern aus Kronstadt von 1505, der Metzger aus Neustadt von 1506, der Goldschmiede aus Kronstadt von 1511, der Sattler und Riemenmacher aus Neumarkt am Mieresch von 1513. Im 17. Jahrhundert wurden die Zunftbriefe in ungarischer bzw. deutscher Sprache geschrieben. Kein einziger in rumänischer Sprache gehaltener Zunftbrief blieb für die Nachwelt erhalten.

Über die Zünfte hinaus kann man die Menge der handwerkl. Arbeitenden nicht einmal schätzen. Dann gab es noch die dörfliche Hausindustrie, die in erster Linie die Herstellung von Holzgerätschaften, derben Wollstoffen und aus Hanf geflochtene Textilien beinhaltete, um damit ihren Betreibern den Lebensunterhalt aufzubessern in Gebieten, wo die Erträge der Landwirtschaft nicht ausreichten.

Im ausgehenden Mittelalter faßten die Zünfte in Siebenbürgen über 50 Handwerke und Handelszweige zusammen. Vor königlichen Aneignungen konnten sie sich aber auch nicht schützen. Die Zollbestimmungen des 15. Jahrhunderts lassen auf einen reichen und abwechslungsreichen Warenbestand und auf einen großen Absatz schließen. Kleider, Küchengeschirr, Messer und andere Gebrauchsgegenstände, Waffen, Goldschmiedearbeiten, Pergament, Papier, Leiterwagen, Trockenobst sogar Kuchen waren zu verzollende Exportartikel, um nur einige Produkte zu erwähnen, die außerhalb der Grenze verkauft wurden.

Natürlich wurden diese Waren auch in Siebenbürgen abgesetzt. Neben sächsischen Händlern betrieben auch die ungarischen Bürger von Desch, Thorenburg, Weißenburg Handel. Wir haben auch Kenntnisse von Handelsleuten aus Neumarkt am Mieresch, Szekler Neumarkt, Oderhellen, St. Georgen im Szeklerland, von Händlern aus Klausenburg, Neustadt oder Großwardein, die die Märkte regelmäßig belieferten. Die Bauten der Städte aus dem 15.–16. Jahrhundert bezeugen dieses ersichtlich.

Im 17. Jahrhundert ging leider in den Kriegen vieles verloren. Handwerk und Handel ließen nach. Die Bürger lebten von ihren Reserven. Vor dieser Zeit aber haben die immer wohlhabenderen Generationen das Angesicht der Stadt geprägt. Schon am Ende des 15. Jahrhunderts – wie aus den übriggebliebenen Bauten ersichtlich – brach ein Bauboom bei den Bürgerhäusern aus. In vielen Städten, so in Klausenburg, Weißenburg, Kronstadt, Bistritz und Hermannstadt gab es Steinmetzwerkstätten; die Meister verzierten die Tür- und Fensterrahmen mit Renaissancemustern; bei vielen Gebäuden sind die Spuren immer noch zu erkennen. Die Maurer und Steinmetze, ihre in Stein gemeißelten Kunstfertigkeiten blieben vielerorts für die Nachwelt erhalten, konnten von deutscher oder ungarischer Herkunft sein, wie man aus den Namen schlußfolgern kann: Steinmetz bzw. Kőfaragó (= ungarisch: Steinmetz).

Die Häuser des ausgehenden Mittelalters sind meistens eingeschossig; ihr Grundriß ist ein gestrecktes Viereck. Eine der Langseite zeigt zur Straße, im Gegensatz zu den Bauernhäusern, bei denen immer die zwei Fenster auf der schmaleren Seite, also die beiden Fenster des Zimmers zur Straße gerichtet sind. Doch es wurden auch mehrgeschossige Bürgerhäuser gebaut. In diese gelangte man durch das Tor an der Straßenseite; die Eingänge wurden geräumig gebaut, damit auch Fuhrwerke auf den Hof hinter dem Haus gelangen konnten. Möglicherweise standen hier einst die Wirtschaftsgebäude: der Lagerraum des Händlers, die Werkstatt des Handwerkers usw., außerdem befanden sich hier Stall und Wagenschuppen. Dies alles weist darauf hin, daß beim Erbauen der Bürgerhäuser kein Gebäude mehrere Funktionen erhielt, wie es zur selben Zeit in urbanisierten Regionen Europas üblich war. Das unter einem gemeinsamen Dach langgezogene Bürgerhaus, das alle Wirtschafts- und Wohnfunktionen vereint, wurde auch später in den Städten Siebenbürgens nicht üblich.

Nach dem 17. Jahrhundert gab es eine rege Bautätigkeit. Besonders in den sächsischen Städten, wie Hermannstadt, Kronstadt und Bistritz wurden viele Bürgerhäuser umgebaut, da die alten Häuser der wirtschaftlichen Situation der Familien nicht mehr angemessen waren. Das neue Bürgerhaus erinnert eher an einen Palast als an das traditionelle Patrizierhaus. Diesen Gebäuden ist anzusehen, daß die Bürgerfamilien mit den Adligen der Städte im Wettbewerb standen. Bauten von Rang bestimmten das Stadtbild. Neben Klausenburg, Großwardein, Weißenburg zeigen auch die Straßen von Straßburg und Desch Barockpaläste, Prestigebauten der Aristokraten des 18. Jahrhunderts. Für sie waren die Schlösser auf dem Lande, die zu der Zeit keine Festungen mehr waren, vorbildlich. Auch die städtischen Bauten beherrschten das Stadtbild mit ihrem dekorativen Äußeren und nicht durch ihre Sicherheit bietenden Fassaden. Sie bestimmten nicht nur die Hauptplätze, sondern auch die daran angrenzenden Straßen. Hier findet man auch die kirchlichen Bauten, in erster Linie die Bischofspaläste. Diese zeugen vielleicht noch direkter als die Paläste der Großgrundbesitzer davon, daß die mittelalterlichen, schlichten Häuser während der Konjunktur des 18. Jahrhunderts zu prachtvollen Palästen umgebaut wurden.

Das Straßennetz und die Straßennamen aber blieben unverändert. Unter den Straßennamen Hermannstadts gab es vor hundert Jahren noch einige mittelalterlichen Ursprungs. So verraten Namen wie Schmiedgasse, Webergasse, Bäckergasse, Schneidergasse, Färbergasse, Lederergasse, Töpfergasse, Maurergasse, Wagnergasse, Fleischergasse welches Handwerk in ihnen früher ausgeübt wurde. Beinahe die Hälfte des mittelalterlichen Straßennetzes ist nach Handwerkern benannt. In den Straßennamen von Kronstadt findet man nur wenige Handwerke (Schlossergasse, Fleischergasse, Bäckergasse), was wahrscheinlich darauf zurückzuführen ist, daß hier mehr Kaufleute als Handwerker lebten. In Bistritz ist es ähnlich. Von 36 aus dem Mittelalter erhaltenen Straßennamen weisen nur acht auf Spuren von Handwerkern hin, wie Fleischerallee, Seilergasse, Goldschmiedegäßchen, Fleischertürdurchgang, Schallergasse, Wagnergäßchen, Lederergäßchen, Innere Mühlgasse, Backhausgäßchen – für die damalige Situation typisch: es gibt in der Stadt auch eine Ungarngasse.

Die Nachfrage nach den Produkten der Zunfthandwerker nahm im 18. bis 19. Jahrhundert in großem Maße zu, was eine sprunghafte Erhöhung der Anzahl der Zünfte, bzw. die Gründung von Zünften in den Kleinstädten zur Folge hatte. In dieser Zeit wuchs die Kaufkraft der Bauern, so daß sie, neben den Bürgern der Städte, den Handwerkern ihre Produkte abkauften. So wurde auch die Dorfbevölkerung zu regelmäßigen Käufern von Tischlermöbeln, Kürschnerwaren, Schneiderwaren, mit Blumenmotiven verzierten Schüsseln, Tellern, Trinkgefäßen der Töpfer. Eine besondere Wirtschaftsblüte kann an der Wende des 18. zum 19. Jahrhundert in den Dörfern und Kleinstädten am Rande der ungarischen Tiefebene beobachtet werden, die zwei bis drei Generationen vorher neu besiedelt worden waren, nachdem sie während der Türkenkriege im 16.–17. Jahrhundert ausgestorben waren. Dort wurden in 47 Kleinstädten in kurzer Zeit 91 Zünfte gebildet. Im Gegensatz zu den mittelalterlichen Organisationen traten in die neuen Zünfte Meister verschiedener Berufe ein. Diese sogenannten gemischten Zünfte umfaßten zahlreiche Handwerke.

Infolge der Ausdehnung des Marktes und des Kundenkreises entstanden Zünfte, die nach ethnischen und sprachlichen Unterschieden arbeiteten: So war die sächsische Schneiderzunft in Kronstadt, die die deutschen Dörfer auf dem Gebiet Burzenland mit aus Tuch gefertigten Kleidern versorgte, am Ende des 18. Jahrhunderts nicht mehr die einzige. Auch die Schneider von Bolgárszeg bildeten eine Zunft, die sogenannten »rumänischen Schneider«. Sie arbeiteten für die Bauern. Die sogenannten »deutschen Schneider« kleideten neben den Männern der sächsischen Dörfer auch die

Angestellten der Stadt ein. Wie es scheint, wurde im Kreise dieser Angestellten die »traditionelle Kleidung« Mode, mit der die ethnische Zugehörigkeit demonstriert wurde. Von der Bevölkerung wurde dies auch von ihnen erwartet. Gleichzeitig arbeiteten in vielen sächsischen Dörfern von Burzenland Schneiderwerkstätten, in denen die Meister und Gesellen die örtlichen Ansprüche zufriedenstellen wollten. Es gab weiterhin auch Städte, in deren Zünften die Meister verschiedener Volksgruppen arbeiteten. In den Zünften von Fogarasch, Broos, Diemrich – die meisten schon im 17. Jahrhundert gegründet – gab es Ungarn, Sachsen und Rumänen. Der Zunftbrief der Stiefelmacher von Fogarasch (im Jahre 1622 in Kassa verfaßt, also nicht in Siebenbürgen, sondern auf einem Gebiet unter Habsburger-Herrschaft, heute Slowakei) betont dies ausdrücklich: »die Meister in der Zunft werden aus verschiedenen Nationen sein ... unter allen Nationen ... soll die Zunftmeisterei von Jahr zu Jahr in bester Freundschaft ausgeführt werden« d.h. die Amtsträger sollten jährlich von Vertretern verschiedener Nationalitäten gestellt werden. Dies scheint eine traditionelle Lösung zu sein, denn der Zunftbrief der Goldschmiede von Klausenburg aus dem Jahre 1561 verordnete, daß jährlich zwei Zunftmeister gewählt werden sollten, von denen einer ein Sachse, der andere ein Ungar sein sollte. Genauso verfuhren die Zimmerleute nach ihrem Zunftbrief vom Jahre 1625. Der Zunftbrief der Stiefelmacher von Klausenburg aus dem Jahre 1650 verordnete, daß – ähnlich wie die anderen Zünfte der Stadt, wo die Vorstände zweijährlich nach »Union« (d.h. Sachsen, Ungarn und Szekler) gewählt wurden – auch hier die Zunftmeister und andere Amtsträger »nach Nation gewählt werden sollen«. Wenn wir uns die Listen der Zunftmitglieder anschauen, sehen wir, daß diese Praxis den wahren Kräfteverhältnissen entsprach. Unter den Goldschmiedegesellen in Hermannstadt gab es z.B. 1575 16 Sachsen und 10 Ungarn. Diese Verhältnisse waren aber nicht von langer Dauer in Siebenbürgen. Im Reglement der Bogner von Kronstadt können wir schon 1505 lesen, daß die ungarischen Meister der Zunft und ihre Söhne Mitglieder bleiben, doch in Zukunft nur Sachsen aufgenommen werden sollen. Auch andere Zünfte von Kronstadt verhielten sich ähnlich. In den im 16. Jahrhundert verfaßten Zunftregeln der Schneider, Bildschreiber (Maler), Tischler, Weber und Nagelschmiede wurde die Aufnahme ungarischer oder rumänischer Gesellen ausdrücklich verboten. Der Chronist von Kronstadt, János Gödri, schrieb diesbezüglich 1784: »in Kronstadt gab es auch in den Zünften ungarische Knopfbinder, Fleischer, Barbiere und Mauerer in der Zeit der ungarischen Fürsten, doch diese sind ausgestorben oder vergaßen ihre Nation, oder mittels falscher Zeugen gaben sie sich für Sachsen aus«.

Dennoch verbanden sich die Zünfte der verschiedenen Gegenden und Volksgruppen miteinander. Da das handwerkliche Können auf internationalen Erfahrungen beruhte, konnte auch die Arbeitskultur nicht nach Sprachen und Herkunft der Meister und Gesellen getrennt werden.

Die Schuhmacherzunft von Hermannstadt verordnete 1580 in ihrer Regelung, daß diejenigen, die ungarisch lernen wollen, ihre Wanderjahre in den Werkstätten von Thorenburg, Desch, Neumarkt am Mieresch oder Hofmarkt verbringen mußten. In den Regeln der Bogner von Kronstadt vom Jahre 1505 wird festgelegt, daß auch Gesellen in die Zunft aufgenommen werden können, die in Moldau, den Karpaten oder den Szekler Gebieten geboren wurden, doch von den Meistern sollte deren Seßhaftigkeit verhindert werden.

Goldschmiedezünfte, die Luxusgüter herstellten, gab es außer in Klausenburg in erster Linie in den sächsischen Städten. Die Gesellen bewanderten Mitteleuropa, einige sogar Westeuropa. Schon im 15. Jahrhundert finden wir in Wienerneustadt unter den bekannten Goldschmieden Mitglieder der Familie Langenauer oder andere Siebenbürger. Der Enkel Jakob Langenauers, Wolfgang Zulinger, war einer der Goldschmiede von König Matthias. Goldschmiede mit dem Familiennamen »Siebenbürger« (also aus Siebenbürgen stammend) lebten im 15. und 16. Jahrhundert in Lemberg, Rom, Frankfurt am Main,, Nürnberg. Aus dem verwüsteten Dorf Ajtós bei Grosswardein stammte der Vater Albrecht Dürers, bekannt als Goldschmied Anton Ajtos von Gyula. Gyula war bis zur Mitte des 16. Jahrhunderts eine florierende Stadt, in der besonders der Viehhandel (Rinder) blühte, doch die Türkenkriege haben diesem ein Ende gesetzt.

Andererseits ist bekannt, daß in den Goldschmiedezünften Siebenbürgens Meister verschiedener Konfessionen, wie Hugenotten, Anabaptisten oder Protestanten Aufnahme gefunden hatten. Luca Marquart aus Stettin (Pommern) bat um seine Aufnahme in Schäßburg zwischen 1501 und 1520. Ludovicus Lüders, geboren in Halberstadt, lernte in Siebenbürgens Goldschmiedezünften, bevor er 1520 in Nürnberg Meister wurde. Jacob Mayer hatte ebenfalls in Siebenbürgen gelernt, als er in Nürnberg 1515 in die Goldschmiedezunft aufgenommen wurde. Es scheint, daß diese Wanderschaften an das deutsche Sprachgebiet gebunden waren, wie auch der Weg der Gesellen aus der Goldschmiedezunft von Hermannstadt durch ihre Muttersprache vorbestimmt wurde. Aus der ersten Hälfte des 16. Jahrhunderts sind in den Listen Namen wie Endres von Rein, Nicolaus Preuss, Hans Hoffmann aus Schlesien, Peter Peucker von Wien aufgeführt. Der Urahne der Familie Erasmus in Klausenburg (später Familie Rázmány), Johannes Erasmus, stammt jedoch aus Antwerpen.

Bildschreiber, d. h. Tafelbildmalerzünfte, gab es Anfang des 16. Jahrhunderts in Klausenburg, Hermannstadt, Kronstadt, Neustadt. Ihre Kunstfertigkeit bezeugen noch heute in vielen Dorfkirchen die Flügelaltäre. Der Maler Csengeri Képíró István wirkte in Neustadt, er stammte aus einem Dorf an der Theiß. Gothárd Képíró (Képíró-Bildschreiber) hatte mit Sicherheit Deutsch als Muttersprache. Der Kupferstecher István Páldi zog aus einem kleinen Siebenbürger Dorf nach Klausenburg.

Im 18./19. Jahrhundert kauften auch schon die Bauern Schmuck und Bilder. Anfang des 19. Jahrhunderts organisierten die Schmuckhersteller eine Zunft; sie verkauften ihre Produkte, wie Ketten, Glasperlen, Ohrgehänge, also die unerläßlichen Accessoires der Volkstracht, auf den Märkten. Die Zunftgeschichte der Kleinode herstellenden Schmuckfertiger ist fast das letzte Kapitel der Entwicklung, im Laufe deren die städtischen Handwerker, durch die Ausdehnung des Kaufkreises, selbst zu Dorfbewohnern wurden. Aus den größeren Städten zogen sie über die kleineren Städte letztendlich aufs Dorf.

Betrachten wir im folgenden die Lederherstellung: In den wichtigeren Städten Siebenbürgens wurden schon im 13. Jahrhundert die Häute bearbeitenden Gerber erwähnt. In Klausenburg brach 1405 der Gerberdamm einer Brechmühle und verursachte eine verheerende Überschwemmung. 1406 war der Stadtrichter in Bistritz im bürgerlichen Beruf Gerber. Der Freibrief der Gerber in Mediasch wurde vom König 1471 bekräftigt. Im 16. Jahrhundert wurden Gerberzünfte in Straßburg, Neumarkt am Mieresch, Hofmarkt gegründet. Nach einigen Generationen folgten auch Szeklerburg, Szekler Neumarkt, Hunyad usw., also in immer kleineren Siedlungen, die aber noch als Städte galten. Es gab auch Zünfte, die im 18. Jahrhundert 100 bis 150 Mitglieder in einer Stadt zählten. Die Mehrheit von ihnen teilte sich Anfang des 19. Jahrhunderts in Unterzünfte auf; die Spezialisierung trennte ihre Reihen auch organisatorisch. Die Arbeitsvorgänge erfordern nämlich von Anfang an spezielle Kenntnisse und Ausrüstung. Mit dem Gerben mittels Kalk und Alaun stellten sie zwei Sorten von Leder her: für Stiefelschaften und Bundschuhe bzw. für Innenfutter dünneres, für Sohlen dickeres Leder. Die Gerbart hatten die Ungarn aus den Steppen mitgebracht und vermittelten sie der Arbeitskultur Mitteleuropas bis weit in den Westen. So wird im 16. Jahrhundert diese Art Lederbearbeitung im französischen Sprachraum als »ungarische Art« bezeichnet. Sohlenleder wurde aus Rinderhäuten hergestellt. Die Schaffelle hatten eine andere Bestimmung; aus ihnen fertigten die Kürschner Pelze und kürzere Ledermäntel.

Am Ende des Mittelalters bearbeiteten die Kürschner die Felle von Bären, Wölfen, Füchsen und Mufflons. Die von ihnen gefertigten Mäntel und Kopfbedeckungen wurden von den Adligen und Bürgern getragen. Natürlich kamen auch die Schaffellmäntel aus ihren Händen, die, wie aus Vermögensinventaren des 16. bis 18. Jahrhunderts hervorgeht, von den Bürgern und Bewohnern adliger Gutshöfe oft getragen wurden. Demzufolge organisierten sich die Kürschner in der ersten Hälfte des 15. Jahrhunderts zuerst in den sächsischen Städten in Zünften. In der zweiten Jahrhunderthälfte bereicherten die Kürschnerzünfte die Handwerkerkörperschaften in Klausenburg und Neustadt. Die Erhöhung der Nachfrage wird darin deutlich, daß 1511 in Zillenmarkt also in einer Kleinstadt, auch schon eine Kürschnerzunft gegründet wurde. Im

17. Jahrhundert wurden sie dann in den Siebenbürger Kleinstädten üblich. Ende des 18. Jahrhunderts arbeiteten sogar schon in den Dörfern Kürschner. Ihre Waren wurden von den Sachsen und Ungarn gekauft. Im 19. Jahrhundert trug schließlich jeder Siebenbürger Bauer an Feiertagen Lederbekleidung. In den Gebieten, in denen die Volkstrachten erhalten blieben, im Kreise der Ungarn, Sachsen und Rumänen, geriet dieser Brauch bis heute nicht in Vergessenheit. Im Gegenteil, seit in den vergangenen drei Jahrzehnten die »folkloristische Mode« in den europäischen Großstädten blüht, zählen die bestickten und verzierten Mäntel zu den begehrenswerten Exportartikeln Siebenbürgens.

Die Siebenbürger Geschichte der Kürschner könnte zur Illustration der These dienen: Kleider machen Leute. Die ranganzeigende Rolle der Kleidung haben die Vorsteher der mittelalterlichen Städte (und die Kirche) mit genauen Vorschriften geregelt. Die Bürger, die sich nicht rangmäßig kleideten, wurden bestraft. So entwickelten sich ein Moralkodex und Angewohnheiten der Zivilisation, die ursprünglich westlich der Elbe üblich waren. Die Geschichte der Mode beweist, daß es zu jeder Zeit Menschen gab, welche die festgesetzten Grenzen der Macht und Moral überschritten. Es gab also Menschen, die sich modisch, aber nicht ihrem Rang entsprechend kleideten: Dorfbewohner, Angehörige der ärmeren städtischen Schichten, Studenten, Diener, Leichtgesinnte. Die Grenzen der Verhaltensweise haben sich auf diese Art erweitert, die Stadtmode verbreitete sich auch auf dem Lande.

Diese These bestätigt die Zunftgeschichte der Stiefelmacher offensichtlicher als die Kulturgeschichte der Kürschner. Sie stellten schon im 17. Jahrhundert in den Kleinstädten bedeutende Körperschaften dar. Z. B. wurden in Zillenmarkt 256 Meister registriert. Nach den Türkenkriegen, also einige Generationen später, zählt in der neubesiedelten Stadt Arad die Stiefelmacherzunft bereits 197 Meister. Somit wird deutlich, daß im 17. Jahrhundert in vielen Gegenden Siebenbürgens die wohlhabenden Bauern an den Feiertagen Stiefel trugen. In dieser Zeit kamen die roten Stiefel in Mode, deren Ursprung im osmanischen Reich liegt.

Der Mechanismus ist bekannt. Eine Mode wird von marginalen Leuten aufgebracht, (sie übertraten damit gültige Regeln der Gemeinschaft) und die Städtebesucher, die auf den Märkten ihre Besorgungen machen, übernehmen diese. Die Kleidung der Adligen wird zuerst von den Bürgern, dann von den Handwerkern der Kleinstädte und letztendlich auch von den Bauern, durch ihre Besuche in den Städten, aufgegriffen. Inzwischen erneuert sich die Mode. Die an der Spitze der Gesellschaft Stehenden betrachten bereits eine neue Verhaltensweise als verpflichtend. Je tiefere Schichten von den Modewellen bewegt werden, umso stärker fließen bisher unbekannte Materialien und Ideen in die Mode ein. Doch der ganze Prozeß wird von der Leistungsfähigkeit der Werkstätten der Handwerker bestimmt. Diese ursprünglich städtischen Einrichtungen funktionieren in der Beziehung Stadt-Land solange, bis sie sich aufgrund des technischen Fortschritts und der anwachsenden Nachfrage zu maschinell produzierenden Fabriken umwandeln.

Doch das gehört nicht mehr zur Kulturgeschichte der traditionellen Verbindungen Siebenbürgens zu Europa. Die Kapitel der Geschichte wurden bis zum Ende des vorigen Jahrhunderts in den Städten Siebenbürgens geschrieben. Die gesamte Geschichte umfaßt beinahe acht Jahrhunderte – sie entspricht den Zeitepochen der mitteleuropäischen Stadtgeschichte. Es ist möglich, daß auch die geistigen Einflüsse aus den Städten Siebenbürgens stammten und sich dann weiter ausbreiteten. Die größte Prägung erfolgte wahrscheinlich am Ende des Mittelalters durch die Reformation. In den Siebenbürger Städten haben viele Ungarn die Lehren Calvins angenommen, die sächsischen Bürger folgten den Lehren Luthers.

Im Laufe des Überganges mußte man sich der Konjunktur fügen. Klausenburg war z. B. ursprünglich eher eine deutsche Stadt als eine ungarische, doch am Anfang des 16. Jahrhundert wurde sie in zunehmendem Maße ungarisch. In dieser Zeit zählte die Stadt etwa 8000 Einwohner. Innerhalb ihrer Stadtmauer wirkten etwa 30 Zünfte und mindestens 60 Gewerbe. Im Jahre 1544 wurde Kaspar Helth Oberpfarrer. Er war ein Verehrer Luthers. Nach seiner Heirat änderte er seinen Namen auf Gáspár Heltai. Unter diesem hat er auch publiziert. 1550 gründetete er mit dem Typographen György Holgreff eine Druckerei, nachdem 1548 die Landesversammlung von Thorenburg das Gesetz erlassen hatte, daß alle Einwohner Siebenbürgens ihren angenommenen römisch-katholischen oder lutheranischen Glauben beibehalten dürfen. Die Druckerei in Klausenburg war die dritte in Siebenbürgen, jedoch die erste, in der in ungarischer Sprache gedruckt wurde. Hier war auch geplant, die Bibel zu veröffentlichen. Unter den Übersetzern weiß man über den Prediger Ferenc Dávid, dessen Geburtsname Franz Hertl war, am meisten, denn er wurde ein scharfzüngiger Prediger. Er führte Diskussionen mit den Nachfolgern Calvins und Zwinglis. 1559, nach einem seelischen Tief, betrachtete er sich als Anhänger des helvetischen Glaubens (dabei folgte ihm aus Gáspár Heltai) und bald darauf, 1564 in Straßburg, wählte ihn die Versammlung der Siebenbürger Prediger erneut zum Bischof. Seine Auffassung wurde immer radikaler: er wurde zum Trinitarier, der die Heilige Dreifaltigkeit leugnete. Die Bürger Klausenburgs folgten ihrem Bischof. Die helvetischen Lehren verbreiteten sich danach aus städtischen Quellen in ganz Siebenbürgen. Die Ungarn glaubten der Unitarier-Lehre. Auf dem Lande lebende Adlige, freie Szekler und später – ihren Beispielen folgend – auch Bauern, wurden Anhänger dieser Lehren. Obwohl die lutheranische Lehre, die die sächsischen Städte eroberte, weniger militant war, wurde sie als Mittel in den Macht- und Ideologiekämpfen gegen den katholischen Klerus und gegen die Kirche benutzt. Im ausgehenden Mittelalter gelangten die Lehren von Martin Luther möglicherweise durch die Stadt-Dorf-Verbindungen in die sächsischen Dörfer und faßten hier Fuß. Jenseits der Gebirgszüge der Karpaten konnten sich die bedeutenden Ideen von Luther und Calvin nicht ausbreiten: es fehlten die sächsischen und ungarischen Bürger, die Städte, die die großen Errungenschaften der europäischen Zivilisation bewahrten.

Heute werden die ungarischen und deutschen Städte durch gezielte Besiedlung mit rumänischer Bevölkerung ethnisch verändert. Die jahrhunderte alte Tradition der städtischen Kultur verliert ihren Sinn, wenn die Mehrzahl der Bewohner nicht mehr die ungarische oder deutsche Muttersprache spricht.

Haus- und Wohnkultur

Die Dorf- und Siedlungspolitik während der letzten Ära unter dem Staatsoberhaupt Ceauşescu erweckte in der ganzen Welt eine ungeteilte Empörung. Internationale Organisationen, wissenschaftliche Körperschaften sowie Privatpersonen protestierten dagegen, daß Tausende von Dörfern, die z. T. seit dem Mittelalter bestehen, eingeebnet und unzählige Wohnhäuser dem Erdboden gleichgemacht werden sollten. Dieses geschah ohne Abstimmung mit den betroffenen Bewohnern, die zwangsweise in sogenannte agrarindustrielle Komplexe, das heißt in siloähnliche, seelenlose Hochhäuser umquartiert wurden. Derart brutale Maßnahmen mißachten nicht nur die Entwicklungsgeschichte eines Volkes, sondern zerstören jegliche Tradition und die elementaren Menschenrechte. Die zivilisierte Welt hat das System und die Vorgehensweise des Diktators Ceauşescu verurteilt und boykottiert.

Zugleich war ein bedeutender Teil der Kunstdenkmäler in den ländlichen Regionen von Zerstörung bedroht. Die »Modernisierung« war nur eine tendenziöse Politik, denn die ungarischen und deutschen Siedlungen sollten in unverhältnismäßig größerem Umfang liquidiert werden, als die rumänischen Dörfer.

Man wollte auf diese Weise historische Tatsachen verändern. Mit diesem Eingriff war beabsichtigt, die kulturhistorischen Spuren der einfachen Menschen verschwinden zu lassen, also Menschenwerke, die offensichtlich nachweisen, daß die Völker Siebenbürgens Teilhaber des europäischen Kulturkreises sind.

Wie die Häuser der frühen Besiedlung Siebenbürgens ausgesehen haben mögen, ist nicht überliefert. Dennoch ist mit größter Wahrscheinlichkeit anzunehmen, daß es in den vorherrschenden waldreichen Gebieten Holzhäuser waren, wie wir diese in vergleichbaren Regionen Tirols und der Schweiz ebenfalls antreffen können. Erst im 16. Jahrhundert fand der Steinbau zunehmend Verbreitung. Die frühen Dachbedeckungen mögen aus Stroh- oder Holzschindeln bestanden haben. Aus Feuerschutzgründen, und vermutlich auch zur Schonung der Waldbestände, wird ab Mitte des 18. Jahrhunderts der Holzbau mehr und

Szekler-Tor in Kalotadamos

mehr verboten. Gleichzeitig erfolgt eine Ablösung der Weich- und Holzschindeldächer durch Ziegeleindekkungen.

Die Organisation des sächsischen Bauernhofes

Während die Frühformen der Bauernhäuser sich vermutlich auf Einhäuser zurückführen lassen, in denen das Wohnen und Wirtschaften unter einem Dach stattfand – ähnlich wie beim fränkischen oder niederdeutschen Hallenhaus – stellt sich der gegenwärtige Bauernhof als eine Gruppe von mehreren Gebäuden umfassende Hofanlage dar. Das Wohnhaus ist getrennt von den Wirtschaftsgebäuden. Fluchtrechte Hausfronten giebelständiger Baukörper begrenzen den Straßenraum an beiden Seiten. Hohe Verbindungsmauern, die durch große Toröffnungen unterbrochen sind, verbinden die Straßengiebel miteinander und trennen den Seiten- vom Hofraum nahezu unüberwindbar ab. Nicht selten wird der Fußgängerverkehr durch eigene, neben dem großen Tor für den Wirtschaftsverkehr angelegte Pforten, getrennt auf den Hof geführt. Die Wirtschaftsgebäude bieten Raum für Stallungen, für Futter (wie z. B. Mais), sowie für eine Backeinrichtung. Wegen des Grundwasserstandes ragen die Kellergeschosse über die Terrainhöhe heraus, so daß die Wohnhäuser von entsprechend höheren Außenwänden umschlossen werden. Hieran schließt ein kleiner Obst- und Blumengarten. Das Haus wird vom Hof draufseitig über eine offene Veranda erschlossen. In ihm befinden sich in der Regel drei Räume: die Stube als Hauptraum mit zwei Fenstern zur Straße und zum Hof sowie zwei weitere Räume, die alle aneinander gereiht sind.

Die zahlreichen Freilichtmuseen ermöglichen in ihrer Aussage nur bedingt informative Einblicke in das Siedeln und Wohnen in Siebenbürgen in den vergangenen Jahrhunderten.

In den Freilichtmuseen in Klausenburg, Hermannstadt und in der Nähe von Kronstadt bekommt der Zuschauer fast ausschließlich nur die von der rumänischen Bevölkerung stammenden, oder fälschlich so etikettierten Gebäude und Kunstgegenstände zu sehen.

Im Klausenburger Freilichtmuseum gibt es nur einen Bauernhof aus dem Szeklerland. Bezeichnend ist, daß man in diesen Sammlungen nach den dörflichen Bauten der deutschen Bevölkerung vergebens sucht. Die Bewahrung des deutschen Identitätsbewußtseins soll auch hier gehindert werden.

Fast in allen Museen finden wir Grubenhäuser, also jene typischen Behausungen aus der Walachei und der Moldau, die in den letzten 50 Jahren aus ihrem Entstehungsraum dorthin umgesiedelt wurden. In Siebenbürgen selbst hatte man bis zum 13. Jahrhundert die Grubenhäuser aufgegeben und war in feste Häuser umgesiedelt. Natürlich ist die Mehrheit der Wohnhäuser in diesen Museen aus Balken gezimmert. Die Ursache liegt wahrscheinlich darin, daß die dörfliche Bauweise sich überall an die Umfeldbedingungen anlehnte: das Baumaterial entstand aus den meisten vorhandenen Materialien. In hohen Bergregionen mit rauhem Klima, wie z. B. in Osteuropa, in Skandinavien oder in den Alpen, werden die Häuser fast ausschließlich aus Kiefernholz gebaut. Ähnlich stellt sich die Lage in großen Bereichen Siebenbürgens. In anderen Landschaften, vor allem in den Grenzgebieten zur ungarischen Tiefebene, wo es fast nur Laubwälder gab, entwickelten sich entsprechend andere Konstruktionen. Der Zimmermann fügte hier aus Eichenbalken ein Skelett, dessen Zwischenräume mit Zweigen beflochten und mit Lehm verstrichen wurden. Hier häuften sich die Schindeldächer, auch wenn die Kiefer selten vorkam. Diese Vorgehensweise macht deutlich, daß nicht nur örtliche Baumaterialien (oder gar fertige Elemente) angewendet, sondern auch ortsfremde gekauft wurden, obwohl diese von weither zur Baustelle angeliefert werden mußten. In einigen Dörfern besaßen fast alle Bewohner Zimmermannsfertigkeiten. Sie fertigten auf Bestellung die Konstruktion für ganze Gebäude, für Wohnhäuser, Scheunen und Ställe und lieferten sie zu den Bauplätzen.

Noch häufiger wurden auf diese Weise Dachschindeln bei holzverarbeitenden Handwerkern bestellt, die auch zum Verkauf in der Landwirtschaft gebräuchliche Holzgerätschaften, wie Holzgabeln, Harken, Schippen, Wannen, sowie Fässer serienweise herstellten.

Dem dörflichen Fleiß und der Heimarbeit entstammten also die Gebäudeelemente; das Können der Zimmerleute und der anderen Handwerker reichte aber nicht an die Fähigkeiten der Bauleute heran, die in den Städten oder auf Schlössern gearbeitet hatten. Sie besaßen zwar schon ein Fachverständnis, waren aber immer noch der bäuerlichen Denkweise verhaftet. Die Beschäftigung der Bauern mit der Holzverarbeitung war nötig, um mit ihrem zusätzlichen Einkommen die geringen Erträge ihrer Felder zu ergänzen. In diesem Handel spielte das Geld selten eine Rolle. Die Holzware – ob Gabel oder Stall – wurde für Lebensmittel getauscht, und dieser Tausch kann vielleicht als lebendiges Beispiel für das traditionellste Wirtschaftsunternehmen betrachtet werden. Auf jeden Fall funktionierte dieser wirtschaftliche Mechanismus im vergangenen Jahrhundert fast noch in ganz Osteuropa. Er schaffte regelmäßige Verbindungen unter den Menschen in den peripheren Gebieten, und auch noch in der jüngsten Vergangenheit waren die Zeichen dieser Bindungen durch die traditionelle Bewirtschaftung gut erkennbar.

Unsere Kenntnisse der volkstümlichen siebenbürgischen Architektur basieren auf den im 17. bis 19. Jahrhundert gebauten Wohnhäusern und wirtschaftlichen Nebengebäuden. Wenn wir dies mit archivalischen Daten ergänzen, können wir feststellen, daß in den Häusern der wohlhabenden Bauern z. T. schon im 16. Jahrhundert Wohnzimmer vorhanden waren. Auch Schornsteine wurden eingebaut, ebenso wie Schlafnischen, d. h. die Wohnhäuser in ihrer Funktionalität erinnern uns an die Wohnkultur der im 14. bis 15. Jahrhundert auf süddeutschem Gebiet erbauten Wohnhäuser. Weiterhin betrachten wir die im 17. und 18. Jahrhundert erbauten Holzhäuser als Überreste der ehemaligen Archetypen.

Diese Wohnhäuser waren so erbaut, daß vier bis fünf Meter hohe Kiefernbalken ineinander gepaßt wurden, wodurch somit ein ungeteilter, aus einem Raum bestehender Bau, mit Satteldach entstand. Im Inneren befand sich eine Feuerstelle. Teilweise war aus Lehm ein Bauernofen gefertigt worden, doch zunächst hatte man hier die Esse oder gar den Schornstein für die Ableitung des Rauches noch nicht als nötige Einrichtung betrachtet. Dementsprechend war auch der Dachboden des Baus vom Wohnbereich nicht als Bodenbereich getrennt.

Die aus dem Mittelalter vererbte Wohnungsnorm bestimmte im 16. Jahrhundert kaum noch das Leben der sächsischen und ungarischen Bauern, denn bei ihnen lassen sich schon von Beginn des 16. Jahrhunderts an in fast allen Dörfern Stein- und Ziegelbauten nachweisen, sondern vor allem das der rumänischen Bauern, die sich angesiedelt hatten und zum Teil keine Schafherden mehr hüteten, sondern auch die Felder bearbeiteten.

Es versteht sich von selbst, daß die Einrichtung der Häuser in der früheren Zeit nur aus dem Nötigsten bestand. Es ist fast gewiß, daß – ähnlich wie bei den Wohnhäusern – auch die Möbelstücke von den Einwohnern hergestellt wurden. Vorläufig nahm man noch keine Handwerker in Anspruch, um ein Wohnheim zu errichten. Der Innenraum des Hauses, in dem nachts geschlafen und am Tage gegessen wurde, war klein. In der Mitte stand ein Tisch, nicht höher als 50 cm, mit einigen Schemeln. Fleisch wurde von Holzplatten gegessen, die Kascha aus Holzschüsseln. Das wichtigste Möbelstück stellte die Truhe dar. Sie war aus Hartholz gezimmert, nicht gesägt, gespundet und ohne Metallteile, die Ungarn nannten sie »Szekrény« (Schrank) nach dem lateinischen »serinium«. Dieses Wort bedeutet ursprünglich Sarg, die Truhe selbst erinnert auch an einen Sarkophag.

Solche Truhen wurden auch noch in den Jahren vor

dem ersten Weltkrieg in Dörfern gezimmert, deren Umgebung reichen Buchenbestand hatte. Die Bauern in zahlreichen Ortschaften im Szeklerland ergänzten damit den geringen Ertrag ihrer Felder. Sie verkauften ihre Ware auf Märkten an Bäuerinnen, die darin ihre notwendigste Weißwäsche und die wenigen (vielleicht schon im Mittelalter bestickten) Tücher aufbewahrten, mit denen sie bei Festen ihre Wohnungsinnenwände schmückten – nach dem üblichen und gründlichen Reinemachen. Die Truhe mußten sie öfters mit sich in die Kirche nehmen, wenn sie hier Schutz vor Angriffen gegen das Dorf suchten, um so ihr Hab und Gut zu retten.

Die Kirchen wurden von Bewohnern der Dörfer und Kleinstädte selbst gebaut. Sie sind Beweisstücke der ungarischen und sächsischen Kultur des 12. bis 15. Jahrhunderts.

Doch aus der Richtung Olteniens verursachten die wiederholten Tataren-Mongolen-Einfälle über die Pässe soviel Schaden, daß die Bevölkerungen der Dörfer und Städte Baumeister beauftragten, um die Kirchen mit Burgmauern umgeben. Dadurch wurde die Kulturgeschichte Siebenbürgens mit eigenartigen Baudenkmälern angereichert.

In den Inventaren des 18. Jahrhunderts kann der Forscher keinen Reichtum entdecken. In den Häusern befanden sich jedoch in großer Anzahl Wolldecken, die die wertvollsten Gegenstände der ärmeren Familien waren. Auf den Bänken lagen sie zusammengefaltet, wurden nicht benutzt und waren die Zierde des Hauses. Wie aus Inventaren des 18. und 19. Jahrhunderts, die für Erbschaftsprozesse aufgenommen wurden, hervorgeht, bestand die Ausrüstung des Haushaltes außerdem aus mehreren Metallgefäßen, Keramiktöpfen und -schüsseln.

Ein Dorf bestand aus etwa einem Dutzend Häuschen, die seit dem 13./14. Jahrhundert meistens auf einer Grundstückreihe entlang des Weges standen. Die Grundstücke waren mit aus Zweigen geflochteten oder aus Kiefernstöcken zusammengezimmerten Zäunen umgeben. Auf ihnen standen außer dem Wohnhaus, in ähnlicher Weise gebaute Ställe oder seit dem 16. Jahrhundert Scheunen, die diejenigen der Gutshöfe kopieren. Es ist interessant, daß der Innenraum der Scheune sogar noch im 19. Jahrhundert viel zu groß für das abgelagerte Getreide war. Ein Teil wurde für das Viel als Stall abgetrennt.

In den meisten Dörfern stand eine Kirche und am Dorfende fand man öfter Schmieden und Mühlen. Es gab gelegentlich Mühlen, deren Wasserrad keinen Stein antrieb, sondern mittels Nockenwelle Holzhammer, mit denen Wolle gefilzt werden konnte.

Diese Maschinen existierten in Siebenbürgen zuerst in den mittelalterlichen Klöstern und auf einigen Gutshöfen – doch mit der Zeit, vielleicht schon im 15. Jahrhundert, heuerte auch die Dorfbevölkerung vorübergehend Meister an, um zu lernen, denn die Sachsen und die Ungarn waren Besitzer ihrer Felder, verfügten über ihr Eigentum und konnten es vererben.

Am Ende des Mittelalters wurde das Alltagsleben der Bauern in erster Linie durch die Umgestaltung ihrer Wohnverhältnisse angenehmer. Die Grundrisse der Gebäude weisen darauf hin, daß auch in Siebenbürgen die Unterteilung der einräumigen Wohnhäuser in mehrere Räume begann. Die wohlhabenderen Leibeigenen und freien Bauern wohnten schon in Häusern, vor deren Wohnraum sich ein kleinerer, geschlossener Vorraum befand, bzw. in solchen, wo neben dem Wohnraum ein schmaler Raum errichtet war nebst Vorraum. Letztendlich hatten sie ein dreigeteiltes Haus. Den größten Raum nannten die Ungarn »Haus«, den Vorraum »kleines Haus« und den schmalen Raum »Kammer«. Das kleine Haus wurde nicht beheizt und nur zur Aufbewahrung genutzt. Sie hielten sich am Tage im Haus auf, das beheizt wurde und schliefen in der unbeheizten Kammer. Die Bewohnbarkeit der Häuser erhöhte sich durch die Verbesserung der Heiztechnik, vor allem dadurch, daß aus dem »Haus« mittels einer Esse der Rauch abgeleitet wurde. Deshalb wurde das »Haus« zum Zimmer umgestaltet, indem man die Dachböden, auch bei den Kammern, abtrennte. An der Öffnung des Ofens wurde ein Rauchfang angebracht, der den Rauch in den Vorraum (»kleines Haus«) oder ins Freie leitete. Es gab auch Lösungen, bei denen der Dachboden durchbrochen wurde und der Rauchfang hier endete. Dann wurde daran ein mit Lehm bedeckter Korb angebracht, d. h. ein blinder Schornstein, der verhinderte, daß Funken auf dem Dachboden ein Feuer verursachten. (Diese Lösung war auch angewendet worden, wenn über dem Vorraum ein Dachboden errichtet war.)

Vorbilder für komfortablere Wohnhäuser könnten auf dem Dorf die Pfarrhäuser und Gutsverwalterhäuser gewesen sein. Dieser Prozess begann vielleicht an der Wende des 16. zum 17. Jahrhundert, doch größere Ausmaße erreichte er erst im 18. Jahrhundert.

Die Nachahmung dieser anspruchsvolleren Bauten in den Dörfern hing natürlich von der wirtschaftlichen Situation der Bauern ab, wobei die deutschen Bauern Siebenbürgens die besten Voraussetzungen hatten. Gravierende Änderungen der Wohnkultur kann man am wenigsten bei der rumänischen Bevölkerung entdecken. Dabei spielt womöglich eine Rolle, daß die Rumänen erst im 17. Jh. in größerer Zahl Bauern wurden und einen festen Wohnsitz anlegten, so daß sich ihre Bausubstanz verspätet, erst im 18. bis 20. Jahrhundert, an die kulturelle Umwelt der ungarischen und deutschen Bevölkerung angepaßt hat.

Dem Beispiel der in den Dörfern lebenden Adligen und Pfarrhausbewohnern folgend, bedeckten die wohlhabenderen Bauern in Siebenbürgen die Rauchfangeinrichtungen mit Kacheln. (Ähnlich wurde in der ganzen Region verfahren.)

Am Ende des 15. Jahrhunderts tauchten auch schon in den Dörfern Kachelöfen auf, und zwar nicht nur in den Herrenhäusern, sondern, wie Ausgrabungen beweisen, auch in Häusern von Leibeigenen. Bei diesen Öfen lag die Heizöffnung im Nachbarraum. Die ältesten, an Rauchfängen verwendeten Kacheln sind noch unglasiert und kamen aus den Dörfern nordwestlich von Klausenburg und aus den Kreisen der Szekler. Die am Ende des 18. Jahrhunderts und später angefertigten Exemplare sind an der Oberfläche mit Bleiglasur (oder Zinn) überzogen. Sie sind mit Figuren verziert, mit seit der Renaissance beliebten Lebensbaummotiven, die aus einer antiken Vase wachsen. Es gibt auch geometrische Rosetten, die an die Gotik erinnern. Diese haben noch glatte Oberflächen, während im 19. Jahrhundert schon viele Rauchfänge aus Kachelaugen und Kachelschubfächern gefertigt wurden. Unter den glasierten Dekoren kommen die Farben Gelbgrün und Grün gehäuft vor. Sie erinnern an die Farbenwelt der Renaissance und verbreiteten sich bis in die polnischen und ukrainischen Regionen. Es ist nicht ausgeschlossen, daß die ältesten Kacheln für die Sachsen in der Gegend von Bistritz gefertigt wurden. Diese sind jedoch seit dem 18. Jahrhundert in den Farben Blau-Weiß. Es ist anzunehmen, daß die ursprünglich chinesischen, von den Holländern bevorzugten blau-weißen Muster durch protestantische Pfarrer, die den Spuren von Handwerksmeistern folgten und von den Habanern verbreitet wurden. Ganz gewiß ist es aber, daß der Motivschatz der Kacheln im 19. Jahrhundert für die Stickerinnen und für die Tischler als Muster diente, also für alle, die am Vorabend der Industrierevolution in der Entwicklung der Wohnkultur eine maßgebende Rolle spielten. Andererseits kann die Möglichkeit nicht ausgeschlossen werden, daß in den Dörfern und Kleinstädten, wie Szekler Neumarkt, Korond, Küsmöd, Szolokma, Makfalva, Görgényszentimre usw., wo schon seit dem 18. Jahrhundert Ofenkacheln gefertigt wurden, die Bäuerinnen in ihren Handarbeiten meisterhaft kopierten. Zum Beispiel waren in Szekler Neumarkt, von wo aus im vorigen Jahrhundert fast ganz Siebenbürgen mit den weißgrundigen, grün und braun bemalten Renaissance-Krügen überflutet wurden, schon im 17. Jahrhundert Kacheln gefertigt worden. Diese waren erst für die Rauchfänge in den Curien, später für die städtischen Bürgerhäuser vorgesehen. Genannt wurden sie erst Bokályofen, später (im Jahre 1627) »Kachelofen«. Es ist möglich, daß die Vorbilder der hierbei aufgegriffenen Ornamente die Herrenstickereien auf den sogenannten Herrentischdecken (Altardecken), auf Handtüchern, und auf Leichentüchern waren. Im 19. Jahrhundert, als der Markt auch die Bauernbedürfnisse berücksichtigte, gab es Dörfer, wo die Töpferei blühte.

Man unkte sogar über ein solches Dorf:

»Dieses Dorf heißt Vogeldorf,
auch der Pfarrer töpfert Torf«

Jedenfalls galten die Kacheln als Zierde des Zimmers, eine Zierde, mit der der Hauseigentümer repräsentieren konnte. In der Bistritzer Gegend wurden auf die Kacheln Ritter gemalt, wenn die Verzierung figurativ sein sollte. Das ist ein mitteleuropäisches Wandermotiv, es war beliebt, Helden darzustellen. In der zweiten Hälfte des vorigen Jahrhunderts nahm der Husar die Stelle des Ritters ein, mit Tschako, Säbel und nicht selten mit einer dreireihigen Fahne, die die ungarischen Nationalfarben andeutete. Es ist offensichtlich, daß die bäuerliche Repräsentation und der Nationalismus Elemente der selben Zeitepoche sind. Der gekachelte Rauchfang wurde also in den Kreisen der Sachsen, der Ungarn, aber ziemlich selten in denen der Rumänen, zur Zierde der Wohnungen. Diese haben weder die Heizvorrichtung noch ihre Wände mit Kacheln bedeckt. Ihr Bauernofen blieb weiterhin lehmbedeckt, in seltenen Fällen bekam er im 19. Jahrhundert eine Kachelbedeckung und wurde so ein Kachelofen.

Gleichzeitig mit Verbreitung der Kacheln wurden auch andere Veränderungen im Wohnungsinneren vorgenommen. Als wichtigste Erneuerung wurde das »Haus« mit bemalten Kiefernholzmöbeln eingerichtet. Diese Möbelstücke wurden nicht gezimmert und gespundet, sondern von Tischlern gesägt und auf der Oberfläche bemalt.

Die aus Kiefernstämmen geschnittenen Bretter waren in den Sägewerken hergestellte Halbfertigwaren, die ursprünglich – am Ende des Mittelalters – auf den Großgrundbesitzungen hergestellt wurden. Von hier aus gelangten sie durch Fuhrleute in die Werkstätten städtischer Tischler. Es ist sehr wahrscheinlich, daß sich die bäuerlichen Käufer in der Regel mit je einer Truhe begnügten. Meistens besaßen sie anstelle der gezimmerten Truhe von Tischlern gefertigte, bemalte Brauttruhen für die Aussteuer.

Doch den reicheren Bauern war die Truhe allein nicht mehr genug. Sie stellten in die dem Ofen gegenüberliegende Ecke einen Tisch mit Schublade (dieser wurde nach Mustern der süddeutschen Gegenden mit gotischen Vorbildern gefertigt) und an die Wand je eine, mit Armlehnen versehene, Bank. Dadurch erhielt das Zimmer eine diagonal ausgerichtete Einrichtung. An dem Treffpunkt der Bänke in der Ecke brachte man ein Wandschränkchen an, in dem die Familienurkunden, die Bibel und das Schnapsgefäß einen Platz fanden. Am Tisch gebührte dem Familienoberhaupt ein Armlehnstuhl, und nicht selten plazierte man hier auch Rückenlehnstühle. Oft wurde die Einrichtung durch eine Wiege ergänzt. Nachdem es sich nur wenige Jungvermählte erlauben konnten, nach der Hochzeit in ein vollkommen neu eingerichtetes Haus oder gar in einen Neubau zu ziehen, begnügte man sich damit, die Möbelstücke einzeln zu kaufen und diese in die gewünschte Zimmerordnung einzugliedern. Es kam schon vor, daß nach der Truhe erst die Wiege hinzu kam, danach erst die anderen Möbelstücke. Das wichtigste aber war das Bett. Seine einfachere und älteste Variante bestand aus zwei Holzböcken, die mit Brettern bedeckt waren. Wer es sich aber leisten konnte, war schon im 18. Jahrhundert bestrebt, sich von Tischlern ein Bett anfertigen zu lassen, das mit aufgemalten Mustern verziert, als Verwahrmöbel für die bestickten, bis zur Decke hochgestapelten, Zierkissen diente. Es ist offensichtlich, daß solche Betten nicht für den Schlaf genutzt wurden, sie hatten repräsentative Funktion, zeugten von Reichtum und vom Fleiß der Frau, die die Stickereien anfertigte. Die Bettwäsche – so zur Schau gestellt – bot einen ständigen Blickpunkt im Haus. Sie wurde vom Rauch des Bauernofens nicht beschmutzt und die Bewohner schonten sie. In diesem Zimmer hielt man sich nur zu festlichen Anlässen auf.

Das Wohnhaus, auch wenn es kein Zierbett beherbergte, wurde mit mehreren Wohnräumen erbaut, die Anzahl der Innenräume ist gewachsen. Die von wohlhabenderen Bauern im 18. Jahrhundert erbauten Häuser erhielten folgende Raumaufteilung: die Küche wurde im Vorhof plaziert, links und rechts von der Küche gab es je ein Zimmer; ein Zimmer für den alltäglichen Gebrauch, eines für die Zurschaustellung des vorhandenen Reichtums. Da in solchen Häusern keine Schlafkammern benötigt wurden, gestaltete man diesen Raum so, daß seine Öffnung in den Vorhof führte. In der Kammer wurden dann nur Lebensmittel und Haushaltsgegenstände aufbewahrt.

Es versteht sich von selbst, daß die im 18.–19. Jahrhundert entstandene neue Wohnkultur das Ergebnis der Kunstfertigkeit der Tischler und der Töpfer und auch des Fleißes und Geschickes der Stickerinnen zusammen ist. Obwohl die Adligen und die Bürger schon im Mittelalter die Tischlermöbel bevorzugten, schlossen sich die Tischler erst später, und meistens im Verband mit den Schlossern, zu einer Gilde zusammen. Im 18. Jahrhundert gab es in den von Sachsen bewohnten wichtigeren Städten Tischlergilden (Hermannstadt, Kronstadt, Bistritz, Schäßburg). Am Ende dieses Jahrhunderts formierten sich außer in Klausenburg (hier gab es schon im 16. Jahrhundert eine Tischlergilde) auch in Grosswardein, Arad, Szatmár, Frauenbach usw. die Tischlergilden. Im 19. Jahrhundert wurden viele Kleinstädte zu Tischlereiindustriezentren. Seit der zweiten Hälfte des Jahrhunderts bis in die heutige Zeit gibt es auch in einigen Dörfern Tischlermeister. Diese arbeiten in familiärer Arbeitsteilung: die Männer führen die Holzarbeiten aus, während die Frauen die Möbel bemalen. Es ist nicht unwahrscheinlich, daß diese Methode althergebracht ist. Jedenfalls arbeiten die Tischler auf Bestellung, obwohl sie nach Überlieferung aus der zweiten Hälfte des vorigen Jahrhunderts und aus dem Anfang unseres Jahrhunderts ihre Möbelstücke in den Dörfern verkauft haben sollen. Diese Möbelstücke wurden für Geld verkauft. Der Tauschhandel funktionierte nicht mehr. Aus den Städten kommend, griff die Tischlerei im 18. Jahrhundert auf die Dörfer über. Die meisten Tischler haben im Szeklerland, in Udvarhelyszék, gearbeitet. An den Tischlereierzeugnissen des 18. und 19. Jahrhunderts von Abásfalva, Homoródalmás, Korond, Lövéte, Csíkkarcfalva, Csíkszenttamás, Dánfalva lassen sich örtliche Stilmerkmale erkennen. Auch sächsische Tischler haben auf sie eingewirkt, doch in erster Linie haben sie die Muster der Meister von Bistritz und Kronstadt adaptiert. Die letzteren haben auch die Gebiete hinter den Karpaten wie z.B. Bukowina, in der zweiten Hälfte des 19. Jahrhunderts beliefert.

Möglich ist, daß dies auch bei den Töpfern der Fall war, welche Schmuckgefäße, in erster Linie Trinkgefäße, fertigten, mit denen das Hausinnere verziert wurde. Diese Mode kam aus den adligen Häusern, zum Teil aus den bürgerlichen, doch waren es die bäuerlichen Haushalte, die vor allem in der zweiten Hälfte des 19. Jahrhunderts die Hauptabnehmerschaft stellten. Der Gebrauch dieser verzierten Trinkgefäße, Teller und Schüsseln reicht bis in unser Jahrhundert hinüber, mancherorts sogar bis in die heutige Zeit.

Die ungarische Bezeichnung für das Trinkgefäß »bokály« entspringt dem Italienischen (»bocal«). Diese wurden im 15. Jahrhundert importiert und seit dem 16. Jahrhundert in den ungarischen Formenschatz aufgenommen. Die ältesten Keramikgefäße Siebenbürgens weisen in der Form Verwandtschaft mit den im 14./15. Jahrhundert in Orvieto gefertigten, verziert mit Eichenblättern, auf. Es ist gewiß, daß dieser italienische Einfluß durch die Ansiedlung der Habaner verstärkt wurde. Der Ursprung der Habaner-Töpfer führt nach Faenza. Aus Glaubensgründen (Wiedertäufertum) wanderten sie im 15. Jahrhundert aus und gelangten über die Tschechei in das Karpaten-Becken. Ihr Zentrum in Siebenbürgen war anfangs wahrscheinlich Winzendorf bei Weißenburg im 16. Jahrhundert. Sie arbeiteten mit Zinnglasur. Zunächst fertigten sie Zierkeramik für herrschaftliche Haushalte. Ihr Farbgebrauch (z. B. gelb-grün) bezeugt, daß diese Mode aus Konstantinopel (letzten Endes aus Byzanz) kommt. Dieses ist auch die dominante Farbe im vorigen Jahrhundert der in Siebenbürgen gefertigten Trinkgefäße. (Auf die Habaner Keramik wirkten im 17.–18. Jahrhundert die blau-weiße Delfter Farbgebung, später die aus China stammende »famille verte«, in der die grüne Farbe vorherrschte.)

Die Zierkeramik löste langsam die mittelalterlichen Metallgefäße in den adligen Haushalten ab. Die Bauern mußten sich im 18. und 19. Jahrhundert mit einfacheren Tongefäßen begnügen. Diese waren aber mehr zur Schau, als zum Gebrauch gedacht. In den Zimmern der Bauernhäuser, in denen manchmal 20–30 Trinkgefäße und 15–30 Teller zur Schau gestellt wurden, fertigten die Tischler schon in der ersten Hälfte des 19. Jahrhunderts Regale für die Teller an und versahen diese mit Haken für die Trinkgefäße.

Die Zierkeramik herstellenden Meister können seit dem 17. Jahrhundert in vielen Städten entdeckt werden. Die Töpfer von Frauenbach, die 1633 ihren Freibrief erhielten, waren in vieler Hinsicht mit den Töpferzentren anderer Gebiete, wie mit dem Obertheißgebiet, verbunden. Die Töpfer von Zilah, deren Gildenbrief in ungarischer Sprache verfaßt und auf 1738 datiert ist, wechselten Mitte des 19. Jahrhunderts ihre Ornamentik, was auf große Nachfrage auf dem Markt hinweist.

Zilaher Töpfer belieferten die Dörfer von Kalotaszeg. Doch sie beherrschten nicht allein den Markt. Thorenburg und Jára (von hier kamen die Kochgefäße und auch einige Ziergefäße) teilten den Markt mit den Zilahern. Es ist interessant, daß die angewandten Verzierungen – Farben und Motive – in allen drei Werkstattgruppen verschieden sind.

In Klausenburg gab es die Töpfergilde seit 1512. Für sie bedeuteten die im 17. Jahrhundert in Winzendorf angesiedelten Habaner eine unerträgliche Konkurrenz. Einen Verdienstausfall brachte auch der Verkauf von »Györer Trinkgefäßen« aus dem Gebiet Nordungarns, der heutigen Slowakei mit sich, das ebenfalls den Habaner zugeordnet wird. Sie lehnten sich jedoch erst 1732 gegen ihre Konkurrenten auf. Das Stadtgericht ließ diesen Einspruch nicht gelten, sondern sie mußten versprechen, ihre Waren in Zukunft in ähnlicher Qualität herzustellen. Zu dieser Zeit arbeiteten sie aber noch kaum für bäuerliche Ansprüche. Doch nicht nur die Töpfer von Klausenburg, auch die von Thorenburg, Mezőtelegd, Grosswardein, Zillenmarkt und Hofmarkt lernten von den Töpfern aus Györ und kopierten ihre Motive sowie die Farbgebung ihrer Gefäße. Für die von Ungarn bewohnten Dörfer war die Arbeit der Töpfer von Hofmarkt von größter Bedeutung. In dieser Stadt gab es seit 1572 eine Töpfergilde; hier wurden die meisten Krüge im 18. und 19. Jahrhundert gefertigt.

Ein Töpferdorf wie Korond spezialisierte sich anfangs auf die Herstellung von Kochgefäßen. Die auch heute noch vorhandene Fertigung von Ziergefäßen verdrängte erst im 19. Jahrhundert die Herstellung und den Verkauf von Gebrauchsgefäßen und bezeugt somit den grundlegenden Wandel in der dörflichen Nachfrage.

Möglich, daß diese Veränderungen die Bedeutung von Neumarkt Mieresch (Gildenbrief 1616), Weißenburg (Gildenbrief 1648), Straßburg (Gildenbrief 1648), Schemelnmarkt (Gildenbrief 1764) minderten, denn in diesen Städten wurde im 19. Jahrhundert für den großen bäuerlichen Markt kaum noch gearbeitet.

Da diese Töpfer ihre Gefäße bei 800–1000°C ausbrennen, haben sie keine Gemeinsamkeit mit den Herstellern von Schwarzkeramik, die ihre Ware bei 600–800°C brennen lassen. Im Karpatenbecken werden erst seit dem 17. Jahrhundert Krüge und andere Aufbewahrungsgefäße aus Schwarzkeramik hergestellt. Obwohl diese Töpfer vielerorts schon im 18. Jahrhundert Gilden bildeten, wurde in Siebenbürgen in einigen Szeklerdörfern (z. B. Csíkmadaras) oder in Magyarlápos, Magyarpatak, Tompaháza, Dánfalva, Szépviz und Fenyéd erst seit dem vorigen Jahrhundert Schwarzkeramik hergestellt.

Die Töpfer wirkten in fast allen wichtigeren von Sachsen bewohnten Städten. Die größte Nachfrage nach ihren Waren gab es wahrscheinlich im 18. Jahrhundert. Nach den Bürgern bildeten die Bauern ihre Käuferschicht. Im 19. Jahrhundert arbeiteten in erster Linie im Burzenland diejenigen Töpfer, die ihre Waren auf den Märkten der von Sachsen bewohnten Dörfer feilboten. Die Produkte sind meistenteils weißgrundige Keramiken mit blauen Mustern. Wahrscheinlich dienten sie als Grundlage für die Töpfer von Korond, auch heute noch versehen sie ihre Gefäße mit diesen Stilmerkmalen.

Das ist natürlich nur das Nachspiel jener Geschichte, die im 18.–19. Jahrhundert begann und die Wohnqualität der dörflichen Häuser verbesserte, in dem die Innenwelt der Heime anspruchsvoll dekoriert wurde. Die Veränderungen gestalteten unumgänglich die Grundrisse der Häuser sowie die Ausmaße der Räume um.

In den Gegenden z. B., in denen Wein geerntet wurde, hat man die Häuser so erbaut, daß unter einem Teil des Hauses (meistens unter dem Zimmer zur Straße, das auch Fenster hatte) ein Keller ausgehoben wurde. In einfacherer Ausführung lag der Keller als Raum unter dem Zimmer mit Eingang von der Straße her und von dem darüberliegenden Zimmer mittels auf Balken gelegten Brettern abgetrennt.

Es gab aber auch Keller mit Tonnengewölbe, die die Fachkenntnisse der damaligen Maurer bezeugen. Dort, wo die Mauer aus einem Balkenskelett bestand, kam es vor, daß die Wand des Kellers aus Natursteinen erbaut wurde, in der Regel ohne Bindematerial.

Einem höheren Anspruch entspricht die Bauweise der Wohnhäuser, an deren Längsseite ein Vorhof errichtet wurde. Auf diese Weise erstreckt sich ein schmaler Vorhof vor dem Zimmer, der Küche und der Kammer (gelegentlich vor noch einem Zimmer und einer zusätzlichen Kammer). Damit wurde vor allem in den Sommermonaten der Wohnbereich des Hauses erweitert. Diese Vorhöfe waren öfters von Säulen unterteilt, welche die barocken Säulenreihen der Gutshäuser imitierten.

Sachsen und Ungarn bauten gleichermaßen im neuen Stil. Damit gewann der Hausbesitzer an Rang. Er wurde von demselben Repräsentatiosnbedürfnis vorangetrieben, das auch die Einrichtung von »Guten Stuben« zur Pflichtnorm machte. In den siebenbürgischen rumänischen Bauernhäusern kann die Entwicklung der Grundrisse kaum oder gar nicht verfolgt werden.

Obwohl die Vielzahl der Holzhäuser mit zwei Räumen das Bild des von Rumänen bewohnten Dorfes noch im 19. und 20. Jahrhundert bestimmte, hatten viele Häuser zwei Eingänge, und die zwei Räume wurden wahlweise im Sommer oder im Winter benutzt. Ein bedeutender Teil dieser Häuser hatte ebenfalls einen Vorhof, was ermöglichte, daß sich besonders im Sommer das alltägliche Leben nicht in den vier Wänden abspielte, sondern auf dem überdachten Vorhof.

In Máramaros und in Hunyad gab es (und gibt es auch heute noch) einige größere Häuser. Die meisten sind zweigeteilt und bezeugen die Notwendigkeit einer Hausform, die das Zusammenleben mehrerer Generationen unter einem Dach ermöglicht, denn eine Überlebensstrategie besonders der Felder bewirtschaftenden Bauernfamilien bestand in der Zeugung einer großen Nachkommenschaft. Man wollte seinen ererbten Grundbesitz nicht aufteilen. Diese Bauern gehörten der wohlhabenden Schicht des Dorfes an, auch wenn ihr Lebensstandard nicht besonders hoch lag.

Die meisten Rumänen führten aber ein Hirtenleben und wurden erst im 17./18. Jahrhundert seßhaft. Sie zogen von den Berghängen in die Täler herab, zimmerten selbst ihre Häuser und wurden Ackerbauern.

Die rumänischen Bauern nahmen sich in der Regel Wanderzimmerleute, um auch Kirchen bauen zu lassen. Die Zimmerleute wahrten die Tradition der gotischen Zimmerkonstruktion bei Kirchen, Gutshofscheunen und anderen Hallenbauten wie auch bei Glockentürmen. Diese Glockentürme sind weit verbreitet. Ihre Errichtung wurde von der ungarischen Bevölkerung gefördert. Die Mehrzahl der Ungarn gehörte dem reformierten Glauben (Calvinisten) an. Sie finanzierten die Türme nach dem Erlaß der Duldungsanordnung von Josef II. von Österreich selbst.

In fast allen Gegenden Siebenbürgens wurden auf den Höfen überdachte Tore gebaut. Diese bestehen aus einem großen und einem kleinen Tor, die mit einem Dach versehen sind. Die ältesten Exemplare sind aus dem 17. und 18. Jahrhundert bekannt und können als Beispiele für die gotische Zimmerkonstruktion und für die Anwendung der Renaissance-Ornamentik gelten. Ihre Vorbilder finden wir wahrscheinlich in den adligen Gutshöfen und vielleicht bei den Toren von Klöstern. Das Tor, seine Größe und Verzierung signalisiert seit dem 18. Jahrhundert die gesellschaftliche Stellung des Hausbesitzers (Leibeigener, freier Bauer, Adliger). Sie wurden auch in anderen Gebieten von Mitteleuropa volkstümlich. Die in der nördlichen Region des Karpatenbeckens gefundenen Exemplare verweisen auf die Verbindung von Siebenbürgen mit den westlichen Gebieten. Die Heimat dieser Tore ist das Szeklerland, sie waren aber auch beliebt bei allen anderen Ungarn in Siebenbürgen.

Nach den Sachsen und Ungarn errichteten nur selten auch die Rumänen verzierte Tore, die zweifellos den Reichtum des Besitzers demonstrieren sollten.

Trachten und Brauchtum

Geschichte und soziologische Überlegungen können weder die ästhetischen noch die emotionalen Werte erfassen, die sich in vielen, mit Schmuckfreude und großem handwerklichen Geschick angefertigten Gegenständen des bäuerlichen Alltags sammeln. Die geschnitzten und bemalten Möbel, die Erzeugnisse der Volkskeramik, die Szeklertore und vor allem auch die festliche Kleidung, die Trachten, sind Abbild von inneren Empfindungen, von Lebensfreude und Tradition. All dieses ist in das Brauchtum fest eingebunden und gehört somit zu den Grundlagen des menschlich-sozialen Zusammenhalts.

Die Volkskunst ist in Siebenbürgen noch nicht zum hübschen Beiwerk entleert, sondern sie vertritt im Brauchtum Werte, welche die Würde und Ordnung des Lebens, auch in einer Minderheitssituation, bewahren. Tradition und Kirche, nicht aber die Staatsideologie, bestimmen das sittliche Verhalten in der

Dorfgemeinschaft und prägen seit Generationen die nationale Identität.

Zur Lebensführung der ländlichen Bevölkerung gehört eine Ansammlung von schönen Gegenständen. So findet man noch heute in manchem Bauernhaus bis zu hunderten von keramischen Objekten, Teller, Schüsseln und Krüge, weiterhin viele, mit unendlichem Fleiß gewebte und gestickte Textilien, Decken und Kissenbezüge und fast überall noch die schönen alten Trachten, die in manchen Dörfern bis heute noch getragen werden und die alle ihre eigene Entwicklungs- und Kulturgeschichte haben. Ungeschriebene Gesetze bestimmen, welche Kleidung für Jung und Alt gemäß ist, was junge Mädchen vor oder nach der Konfirmation zu tragen haben oder wie sich verheiratete und ledige Frauen kleiden sollen. Die Tracht, die gemäß Alter, Stand und Anlaß angelegt wird, bedeutet ein Bekenntnis zur Gemeinschaft und Anerkennung ihrer spezifischen Verhaltensregeln. Auch das menschliche Verhältnis zueinander wird dadurch beeinflußt und der solidarische Zusammenhalt gefördert.

Trachten sind mehr als nur schöne Kleider, sie sind Symbolträger, sie kennzeichnen eine Gemeinschaft und legen den Standort in ihr fest, dementsprechend gegliedert nimmt man vielerorts auch noch heute jeden Sonntag in den Kirchenbänken Platz. Für den Träger bedeutet die Tracht Würde und Feierlichkeit, er bekleidet sich mit ihr bei den mit innerer Hingabe gefeierten Festen, wie Taufen, Konfirmationen, Hochzeiten und Beerdigungen, und zu den kirchlichen Feiertagen. Es gab Gegenden in Kalotaszeg, wo Frauen zu bestimmten Festen an drei aufeinander folgenden Tagen jeweils verschiedene Trachten trugen. Stolzes Traditionsbewußtsein und die Zugehörigkeit zu einer ethnisch-kulturellen Gemeinschaft findet in diesem Brauchtum ihren schönsten Ausdruck.

Siebenbürgen ist ein trachtenreiches Land. Schon die einzelnen Volksgruppen haben ihre eigenen Trachten, die sich wiederum nach Landschaften unterscheiden. Manches wurde voneinander übernommen, vieles aber hat sich als typisches Merkmal einer Gruppe erhalten. So sind die Trachten der Volksgruppen, trotz mancher gegenseitiger Beeinflussung, in ihrem Wesen und in ihrer dekorativen Ausdruckskraft, entsprechend dem jeweiligen Volkscharakter, ganz verschieden. Die ursprünglichen Materialien waren bei allen Wolle, Hanf und Leder, hinzu kamen in der 2. Hälfte des 19. Jhs., besonders bei Sachsen und Ungarn, gewebter Kattun und Seide. Zu jeder Tracht gehören die verschiedensten Bekleidungsstücke, die oft einen unterschiedlichen zeitlichen Ursprung haben, denn auch die Trachten waren als Teil des bürgerlichen und bäuerlichen Lebens von Einflüssen und Veränderungen nicht unberührt, wenn auch ihr wahrer Sinn, neben ihrer Rolle im Brauchtum und neben ihrer Funktion als Identitätsträger für die Gemeinschaft, im Bewahren und Weitergeben lag.

Die ältesten Teile der sächsischen Tracht, die noch auf das 12. Jh. zurückgehen und von den Siedlern aus Deutschland mitgebracht worden waren, sind das mit Faltenstickerei verzierte Frauenhemd, der Miederrock und das weiße Leinentuch, welches um Kopf und Schultern getragen wird. Dazu gehört auch ein Stück des Trachtenschmuckes, die prächtige, mit farbigen Steinen und Perlen versehene Brustzierde, das »Heftel«, welche auf die Rundfibel der Germanen zurückgeht.

Eine sehr lange Tradition, die bis ins 13./14. Jh. reicht, hat in der Bürgertracht der Sachsen der aus schwarzem Tuch genähte »Krause Mantel« und das »Bockeldach«, ein Schleiertuch für den Kopf der Frauen, welches mit den Bockelnadeln befestigt wurde. Der »Borten«, die zylindrische Kopfbedeckung aus schwarzem Samt, den die jungen Mädchen in der Zeit zwischen Konfirmation und Hochzeit tragen, hat ebenfalls einen weit zurückreichenden, mittelalterlichen deutschen Ursprung. Im 16. und 17. Jh. stand die sächsische Bürgertracht sehr deutlich unter ungarischem Einfluß. In diesen Zusammenhang gehören der »Dolman«, ein bis zu den Oberschenkeln reichendes Gewand der Männer mit eng anliegenden Ärmeln, das oft mit Gürtel getragen wurde und das »Mente«, eine Jacke, welche man über dem Dolman trug und die länger war, als dieser sowie die »Zischmen«, die Stiefel. Die Bezeichnungen dieser Kleidungsstücke wurden in den sächsischen Sprachgebrauch aufgenommen. Ungarischen Ursprungs sind weiterhin die Winterhüte, der große Frauenpelz und der kleine Brustpelz. Die Vermittlung erfolgte durch die sächsische Patrizierschicht, deren Kleidung sich an Vorbildern aus dem ungarischen Adel orientierte.

Oskar Wittstock schreibt darüber:

»Aus dieser, von der magyarischen Kleidung beeinflußten Tracht entsteht dann unsere Bürgertracht. Diese bleibt auch nicht unverändert, sondern erleidet nach Ort und Zeit Abänderungen. Auch in der späteren Entwicklung steht sie stets unter dem Einfluß der ungarischen Kleidung. Sie ist in den höheren Schichten in der modernen, in den niederen in der früheren Form gebräuchlich. Trotzdem bildet die Tracht des sächsischen Bürgers ungefähr vom Anfang des 16. Jahrhunderts, bis sie unserer jetzigen Modetracht wich, ein einheitliches Ganzes, wir stehen in der Zeit magyarisch modifizierten Kleidung.«

Die sächsische Tracht ist im Detail sehr fein ausgearbeitet. Ihre Zierstickereien sind in rationaler Ordnung gegliedert und von wohlüberlegter Komposition. Die Farbzusammenstellung, viel Weiß und Schwarz mit einfarbigen oder mehrfarbigen Stickereien, kommt dem ästhetischen westlichen Empfinden nahe. Besonderen Liebreiz gewinnt die Tracht durch ihre reichen weißen Spitzenhäkeleien. Bei der männlichen Tracht haben der sächsische Kirchenmantel (oder Stolzenburger Mantel) und der ungarische Mantel, der »Szür«, den gleichen Schnitt.

Der einfache Szür gelangte, aus Westungarn kommend, schon früh nach Siebenbürgen. Die Zunft der ungarischen Szür-Schneider ist 1489 in Großwardein urkundlich nachweisbar. Die früheste Manufaktur für Szür-Stoffe, von der wir wissen, arbeitete schon 1395 in Debrecen.

Der Szür war das meistgetragene, bäuerliche Kleidungsstück und in ganz Ungarn verbreitet. Er wandelte sich im Laufe seiner langen Verwendungszeit vom zweckmäßigen Hirtenmantel zum prunkvollen Paradestück. Ursprünglich war er nur ein einfacher Überwurf, der die im Freien lebenden und jedem Wetter ausgesetzten Hirten vor Wind und Kälte, Schnee und Regen schützte. Er wurde aus einem kräftigen, gewalkten Wollstoff hergestellt, einem rauhen und starken Material, welches wasserundurchlässig war. Wichtige Lieferanten waren die Walker von Heltau, nachdem eine Reihe von Manufakturen in der ungarischen Tiefebene ihren Betrieb eingestellt hatten.

Nachdem man zu Beginn des 19. Jhs. begonnen hatte, dieses allereinfachste Kleidungsstück zu verzieren, gab es den »Paradeszür«, mit Applikationen und Stickereien geschmückt, bald in unzähligen Variationen. Er wurde ein Teil der Männertracht. Anfangs waren es nur einfache Zierstickereien und Applikationen entlang der Nähte, zu denen sich bald Blumenmotive und Ornamentborten gesellten. Da man sich wegen des derben Materials kaum an Vorbilder halten konnte, entfaltete sich eine originale Gestaltungsvielfalt, in der kreative, volkstümliche Schmuckfreude ihren Ausdruck fand. Mit dem dicken Stickfaden, der auf dem groben Stoff verwendet werden mußte, ließ sich das Innere der Blüten und Ornamente gut ausfüllen, oft in kontrastreichen Farben. Die Umrisse mußten vereinfacht werden. Tuchapplikationen, markant und flächig oder als schmalere Streifen mit glatten oder gezackten Rändern wurden gern in die Stickereien integriert.

Der Szür wurde mit Stolz zu Festlichkeiten und anderen, in das Brauchtum eingebundenen Anlässen getragen. Hatte ihn z. B. ein junger Bursche zu einem Besuch bei einer anderen Familie angelegt, so bedeutete dies, daß er der Tochter des Hauses den Hof machte. Mit Hilfe des Szür konnte er sich auch Gewißheit verschaffen, wie seine Absichten aufgenommen wurden. Dazu ließ er ihn, wie versehentlich, im Hause des Mädchens zurück. Fand er ihn am nächsten Morgen in seinem Laubengang hängend, war er abgewiesen, anderenfalls aber hatte er einen Grund, wieder das Mädchen zu besuchen.

In Form von Redewendungen war der Szür auch in den Sprachgebrauch eingegangen. War jemand entlassen oder hinausgeworfen worden, sagte man »sein Szür wurde hinausgebracht«, bangte jemand um sein Leben »er hat Angst um seinen Szür«, und war ein Mann verschollen, hieß es »weder seine Asche noch sein Szür sind zu finden«.

In den östlichen Regionen Siebenbürgens erfuhr die Männerkleidung eine Wandlung, die auf eine Verordnung Maria Theresias zurückzuführen ist, welche besagte, daß die zum Grenzschutz verpflichteten Szekler eine ihrer Volkstracht ähnliche Uniform tragen sollten. Diese angeglichene Soldatenkleidung wurde später wiederum zur Volkstracht.

Die Stoffe für die männliche Oberbekleidung wurden aus ungefärbter Wolle von den Bauersfrauen gesponnen und meistens auch gewebt. Auf diese Weise wurden derbe, dicke Wollstoffe hergestellt. Das Rohmaterial lieferte das auch heute noch sehr häufig auf Gebirgswiesen anzutreffende Langhaarschaf.

Die aus Wollstoffen hergestellte Tracht der Szekler bestand aus der enganliegenden Hose, die in ihrer Schnittform bis ins Mittelalter zurückzuverfolgen ist, »Strümpfe« genannt, und der bis zur Taille reichenden kurzen Jacke. Beides wurde mit meist schwarzen, aufgenähten Kordelmustern geschmückt, deren Motive während der Zeit Maria Theresias das Regiment bezeichneten und die Zugehörigkeit zu einer bestimmten gesellschaftlichen Schicht markierten.

Die wichtigsten Stücke der Frauentracht bei den Szeklern waren ein weiter Faltenrock, ein weitärmliges weißes Hemd, z. T. bestickt, das »Vizika«, das Leibchen und die plessierte Schürze.

Kennzeichnend für die Tracht der Szekler ist die maßvolle Zurückhaltung in der äußeren Erscheinung und ihre Zweckmäßigkeit; sie ist oft dem lokalen Klima der einzelnen Ortschaften angepaßt.

Ein wichtiger Teil der Oberbekleidung bei Männern und Frauen aller Volksgruppen waren die Mäntel, Jacken und Westen mit äußerer Lederseite und nach innen gekehrtem Fell. Ihre sehr unterschiedlichen Verzierungen kennzeichnen deutlich die verschiedenen Landschaften und Volksgruppen und lassen sie zum Bestandteil der Tracht werden. Ähnliches gilt für die Schürzen, die auch von Männern getragen wurden. Sie waren nach Altersgruppen, Anlässen und Wohlstand verschieden geziert und werden in manchen Dörfern auch heute noch zur Repräsentation, nicht aber wegen ihrer Zweckmäßigkeit benutzt.

Die ungarischen Volkstrachten sind leuchtender und farbenfroher, als die sächsischen, sie bevorzugen härtere Farbkontraste, mit Vorliebe Rot und Weiß. Ihre Motive sind markant und von schwungvoller Linienführung. In manchen Gegenden, vor allem in Kalotaszeg, kam es im 19. Jahrhundert zu einer unbekümmerten Häufung der Zierelemente, so daß gestickte Blumen und Ornamente die Flächen vollkommen ausfüllen.

Die traditionelle Kleidung der rumänischen Bauern bestand aus einer weiten Wollhose und einem weiten Hemd, das über der Hose getragen und durch einen breiten Gürtel zusammengehalten wurde. Kordelverzierungen verwendeten sie nicht. Ihre typische Fußbekleidung war nicht der Stiefel, sondern der Bundschuh. Ihre Kopfbedeckung war eine hohe Schafspelzmütze, deren Spitze sich seitlich herabneigt. Die Frauen trugen bestickte weiße Hemden und farbige, eng um die Hüften gewundene Röcke, »Fotas«, aus hausgewebtem Wollstoff. Charakteristisch für die rumänische Tracht ist die Streifenreihung geometrischer Ornamente, die aufgestickt oder eingewebt sind. Ihrer Gesamterscheinung nach hat diese Tracht wohl südosteuropäische Vorbilder. Sie bewahrte lange altüberlieferte, aus dem Balkanraum stammende Formen, da sie weniger der modischen Entwicklung unterlag. Deutliche Veränderungen erfuhr die Tracht der Männer vor dem ersten Weltkrieg, als das Hemd nicht mehr über der Hose getragen wurde und die Hose Taschen bekam.

Durch das Feiern von Festen zu bestimmten Anlässen, die bei Sachsen und Ungarn größtenteils die gleichen waren, und durch die üblichen Bräuche gewann die bäuerliche Lebensform eine festgefügte Ordnung.

Die großen traditionellen Familienfeierlichkeiten waren Hochzeit und Totenschmaus. Sie wurden üppig bei den wohlhabenden Sachsen und noch üppiger bei den ärmeren Szeklern gefeiert. Während die Sachsen sagten »zwei Hochzeiten, ein Abbrennen«, hieß es bei den Ungarn »eine Hochzeit, zwei Abbrennen«. Der Grund für dieses verschwenderische Feiern, welches dem Außenstehenden als unvernünftig und vermeidbar erscheint, war der Erhalt und Erwerb von Ansehen, aber auch der Wille, in der Dorfgemeinschaft das zu tun, was alle anderen auch taten, sich an die übliche Sitte zu halten und somit hineinzugehören in diese Gemeinschaft, auch wenn es eine erhebliche Anspannung der finanziellen Verhältnisse einer Familie bedeutete. Das Zusammengehörigkeitsgefühl einer Dorfgemeinschaft wurde zum Ausdruck gebracht und gefördert durch feierliche, ritualisierte Handlungen und Gesten, durch das Vortragen von formelhaften Sprüchen, das Singen bestimmter Lieder und Halten von Festreden. Vieles hiervon hatte eine lange Tradition oder einen moralischen Hintergrund. So verabschiedete sich bei Sachsen und Ungarn, die Braut am Hochzeitstag feierlich von Vater und Mutter, indem sie in Versen oder in Prosa für alles Gute dankte, das sie von ihnen erfahren hatte. In diesen Verhaltenskodex gehörte auch das Tragen von Trachten und der Umgang mit bestimmten, besonders kunstvoll hergestellten Gegenständen, die dem täglichen Gebrauch entzogen waren, obwohl sie ihm entstammten. Sie dienten in einer subtilen, indirekten Art der Kommunikation, teilten Botschaften mit oder gaben Auskunft über Stand und Stellung in der Gemeinschaft.

Ein solcher Gegenstand war das Paradebett. Jede Braut bekam es zur Hochzeit, hochgetürmt mit acht bis elf Kissen, fünf bis sieben Kissengarnituren, Paradekissen, Tischtüchern, Laken, Decken und Leichentüchern, die fast immer selbst gewebt und alle mit Zierden und Stickereien versehen waren. Ein Teil dieser Wäsche wurde in der Truhe aufbewahrt und nur zu den Feiertagen und Festen herausgenommen und zur Schau gestellt. Das Paradebett, diese eigenartige Bettenburg, stand in der nicht eigentlich bewohnten »guten Stube«. Es wurde nicht benutzt, sein Zweck hatte mit Schlafen wenig zu tun, alle seine zugehörigen, mit unendlicher Mühe angefertigten Teile dienten keinem praktischen Ziel. Die Mutter begann spätestens mit den Web- und Stickarbeiten, wenn die Tochter das achte Lebensjahr erreicht hatte. Man weiß, daß Frauen sogar in den Arbeitspausen während der schweren Feldarbeit stickten. Diese Handarbeiten stellten durch die in sie investierte Arbeit, aber auch im objektiven Sinn einen beachtlichen Wert dar.

Das Paradebett wurde vor der Hochzeit im Elternhaus des Mädchens zum ersten Mal öffentlich gezeigt und dann, nach dem Ritus eines spaßigen Feilschens, in das Haus des Bräutigams, der zukünftigen Wohnung des jungen Paares, feierlich überführt, wobei der Zug, von vielen Begleitern in traditioneller Rangordnung geleitet, einen möglichst weiten Weg nahm, um die Schaustellung zu verlängern und zu genießen, zumal sie von lustigen Sprüchen und Redensarten begleitet wurde. Dies geschah noch vor der Hochzeit, aber danach gab es kein Zurück mehr, das Bett hatte den Bund bereits besiegelt. Es blieb auch weiterhin fester Bestandteil im Leben des Paares, wurde je nach Jahreszeiten und Festen »umgekleidet«; eines seiner kleinen Kissen kam in die Wiege des Neugeborenen, und seine Laken und Kissen wurden schließlich bei der Ausstattung der Totenbahre verwendet.

Die Bräuche um Hochzeit und Tod waren besonders ausgeprägt. Am frühen Morgen des Hochzeitstages erschien der Brautknecht und überbrachte der Braut die Morgengabe des Bräutigams, die Brautschuhe. Als Gegengabe nahm er für diesen eine Hose, ein seidenes Halstuch mit zwei Quasten und das Brauthemd in Empfang. Die Ärmel dieses Hemdes hatte die Mutter der Braut meist schon viele Jahre zuvor bestickt, aber noch nicht zusammengenäht; dies war erst geschehen, nachdem sie wußte, wer der Bräutigam sein würde und bei ihm Maß genommen hatte. Vor und nach der kirchlichen Zeremonie spielten sich noch die verschiedensten Szenen brauchtumsgemäß ab, die von Ort zu Ort unterschiedlich waren, aber oft Anklänge an den Frauenraub hatten.

Sehr genaue Regeln gab es auch für die Trauerfeier, innerhalb derer, wie bei allen vom Brauchtum bestimmten Handlungen, man der Würde des Menschen gerechter wurde, als es in unserer westlichen, perfekten Gesellschaft heute der Fall ist. Alle notwendigen Handlungen und Aufgaben wurden von den Familienmitgliedern und Freunden des Verstorbenen ausgeführt. Nachdem der Todesfall beim Pfarrer gemeldet worden war, wurde in manchen Gegenden eine Stunde lang der »Seelenpuls« geläutet. Selbstverständlich trug man zur Beerdigung die Tracht, wobei man die rote Farbe aber mied oder bedeckte.

Die Trachten und die kunstvollen Gegenstände, verbunden mit dem Brauchtum, haben einen tiefen, für das Leben sehr wichtigen Sinn. Sie boten Halt in Lebenskrisen und halfen, diese zu überwinden. Mit ihrer Hilfe machten sich die Menschen aber auch »ein Bild von der Welt, wie sie – nach ihrer Vorstellung – sein sollte. Die Lieder, Gesten und Bräuche, die schönen Gegenstände sind eine Ermahnung, vielleicht eine Zauberformel zur Vermenschlichung der harten Wirklichkeit«. (Tamás Hofer)

In Siebenbürgen halten die Volksgruppen am Brauchtum fest, wie heute sonst nirgendwo in Europa, weil sie darin den einzigen Weg sehen, ihre kulturelle Identität zu bewahren. Dennoch scheinen einige zu resignieren und aufzugeben. Die Lösung des Nationalitätenproblems darf aber nicht darin liegen, daß die Sachsen ihre rechtmäßige Heimat, ihren in 800 Jahren aufgebauten Kulturraum, verlassen müssen. Die Lösung des Problems kann weiterhin auch nicht dadurch geschehen, daß zweieinhalb Millionen Ungarn gewaltsam gezwungen werden, ihre Sprache und ihre nationale Identität aufzugeben. Ein Nationalitätenproblem sollte es auf dem Weg zu Europa nicht mehr geben! Der Staat, in dem verschiedene Volksgruppen leben, sollte ihnen ein, ihrer Art entsprechendes Leben gewähren. Er sollte ihr Festhalten am eigenen, nationalen Selbstverständnis schützen und bestärken, denn es bereichert die Gemeinschaft in vielfältiger Weise. Nur ein Staat, der so mit seinen Minderheiten umginge, ihre Menschenrechte achtete, würde in der Welt zu Ansehen gelangen, da seine Gesetze von Humanität und Toleranz geprägt wären.

Literaturnachweis

Balázs, Orbán, A Székelyföld leirása. Pest 1871.
Bergel, Hans und Myß, Walter, Wir Siebenbürger. Innsbruck 1986.

Debresczeni, László, Reformierte Kirchen und Kirchenbauten in Siebenbürgen. Klausenburg 1929.
Deér, József (Hrsg.), Erdély. Budapest 1940.

Fabini, Hermann und Fabini, Alida. Wien-Köln-Graz 1986.
Folberth, Otto, Der Prozeß Stephan Ludwig Roth. Graz-Köln 1959.

Göllner, Carl, Die Siebenbürger Sachsen in den Jahren 1848–1918. Köln, Wien 1988.

Hofer, Tamás und Fél, Edit, Ungarische Volkskunst. Budapest 1978.

Illyés, Elemér, Nationale Minderheiten in Rumänien. Wien 1981.

József, Biró, Erdély művészete. Budapest 1989.

Kiss, Gábor, Erdélyi várak, várkastélyok. Budapest 1990.
Kós, Károly, Erdély. Kolozsvár 1934.
Kós, Károly; Szentimrei, Judit und Nagy Jenő, Kaszoni székely népmüvészet. Bukarest 1972.
Köpeczi, Béla (Hrsg.), Erdély története. Budapest 1988.

Letz, Franz, Siebenbürgisch Sächsische Kirchenburgen. München 1970.

Nagy, B. Margit, Reneszánsz és barokk erdélyben. Bukarest 1970.

Roth, Victor, Beiträge zur Kunstgeschichte Siebenbürgens. Straßburg 1914.
Roth, Victor (Hrsg.), Die deutsche Kunst in Siebenbürgen. Berlin 1934.
Rösler, Gustav, Zur Geschichte der Stadt Sächsisch-Regen (Reen) und ihrer sächsischen Umgebung bis zum Aussterben der Arpaden. In: Studien zur Geschichte und Landeskunde Siebenbürgens. Köln, Graz 1968.

Schröcke, Helmut, Siebenbürgen. München 1987.
Studien zur Siebenbürgischen Kunstgeschichte, von Gündisch, Gustav; Klein, Albert; Krasser, Harald und Streitfeld, Theobald, Köln, Wien 1976.
Szacsvay, Imre und Kicsi, Sándor, Siebenbürgen. Budapest/Wien 1989.

Takács, H. Marianna, Magyarországi udvarházak és kastélyok. Budapest 1970.
Teutsch, Friedrich, Die Siebenbürger Sachsen. Hermannstadt 1926.
Teutsch, Fr., Bilder aus der Kulturgeschichte der Siebenbürger Sachsen. Hermannstadt 1928.

Vătăşianu, Virgil, Kunstdenkmäler in Rumänien. Leipzig 1986.

Wagner, Ernst, Historisch-Statistisches Ortsnamenbuch für Siebenbürgen. Köln, Wien 1977.
Wolff, Erhard, Die geschichtliche Entwicklung der Hermannstädter Goldschmiedezunft. In: Studien zur Geschichte und Landeskunde Siebenbürgens. Köln, Graz 1968.

Zillich, Heinrich, Siebenbürgen und seine Wehrbauten. Königstein im Taunus & Leipzig 1941.

Ortsnamenverzeichnis

Reihenfolge der Ortsnamen: deutsch, ungarisch, rumänisch

Nationaltheater, um 1900,
Klausenburg

Reiterdenkmal König Matthias Corvinus, von János Fadrusz, 1902, im Hintergrund die gotische St. Michaelkirche, Klausenburg

Rechte Seite:
St. Michaelkirche, Klausenburg
Oben links:
Sakristei-Portal von 1528
oben rechts:
Engel an der Kanzel

Unten links: Altarbild Anbetung der Hl. drei Könige Anton Maulpertsch, 1748;
unten rechts: Kanzel, Johann Nachtigall und Anton Schuchbauer, 1740/1750

Bánffy-Palais, 1773-85
(jetzt Kunstmuseum),
Klausenburg

Kanzel, Elias Nicolai und Meister Benedek, 1646, reformierte Kirche, Klausenburg

Rechts: Hl. Georg, Kopie nach der Reiterfigur von Martin und Georg von Klausenburg (Original um 1373), Klausenburg

Reformierte Kirche mit hölzernem Glockenstuhl, gegründet im 13. Jh., Gogeschburg

Rechts: Reformierte Kirche, 13. – 15. Jh., Turm 17. Jh., Magyarvalkó (Kalotaszeg)

Reformierte Kirche, 14./15. Jh.,
Kalotadamos (Kalotaszeg)

Innenansicht der reformierten
Kirche in Kalotadamos

Landschaft bei Heynod

Blick auf Gyerővásárhely

Reformierte Kirche
(ehemalige Benediktiner
Kirche), 13. – 15. Jh.,
Ungarisch Klosterdorf
(Kalotaszeg)

Innenansicht der ung. Klosterdorfer Kirche, Empore, 18. Jh.

Gehöft bei Alsófüld
Rechts: Griechisch-katholische
Kirche, 1727, Felsőfüld

Festliche Trachten der Sachsen
links oben: Brautpaar aus Schaas
rechts oben: Vor dem Ostergottesdienst in Stolzenburg
links unten: Kronenfest in Kerz
rechts unten: Nach dem Ostergottesdienst in Stolzenburg

Rechts: Innenansicht der Dorfkirche in Magyarvista (Kalotaszeg), Ende 13. Jh., Kassettendecke 1765

LEGYEN A TE NÉPEDEN A TE ÁLDÁSOD. Zsolt
A 1980-ban KONFIRMÁLT IFJAK AJÁNDÉKA.

Dorfansicht, Bikszád

Überdachtes, geschnitztes Tor

Adelspalais, Desch
Links: Romanische Kirche,
um 1200, Münzdorf

Barockschloß, Wesselényi, letztes Viertel des 18. Jhs., Siben

Rechte Seite oben: Griechisch-orthodoxe Holzkirche, um 1760, Karika
Unten: Inneres der griechisch-orthodoxen Kirche, Karika

Stadtmauer, Bistritz

Gotischer Arkadengang,
Bistritz

Nächste Doppelseite links oben: Stadtmauer und reformierte Kirche, Neumarkt am Mieresch; unten: Geburtshaus des Mathematikers Bólyai, Neumarkt am Mieresch

Rechts oben: Kulturpalast, 1913, Neumarkt am Mieresch; unten: Teleki-Bibliothek, 1780-1820, Neumarkt am Mieresch

PALATUL CULTURII

Ungarische Dorfstraße
Eisenburg

Bauernhof bei Eisenburg

Landschaft
bei Nyárádszentsimon

Reformierte Kirche, 15. Jh.,
Thorenburg

Landschaft bei Bad Tuschnad
(Szeklerland)

Renaissanceschloß Lázár,
16./17. Jh., Szárhegy

Landschaft bei Borzont

Szeklertor in Csíkdánfalva

Frühlingslandschaft

Franziskanerkloster,
Csíksomlyó

Csíkdelne, Katholische Kirche,
2. Hälfte 15. Jh.
Rechts: Flügelaltar, 1675

Niklasmarkt, im Hintergrund
römisch-katholische Kirche
Links: Katholische Kirche,
14. – 18. Jh., Csíkkozmás

Schloß Dániel, 17. – 18. Jh.,
Vargyas

Unitarische Kirche,
Wandmalereien um 1419,
Székelyderzs

Nächste Doppelseite links:
Kassettendecke in der
Unitarierkirche, 1630,
Magyardálya

Rechts oben: Gotisches
Kreuzrippengewölbe in
Magyardálya, Wandmalereien
um 1500; unten: Am Rande
des Dorfes, Magyardálya

Zsoltár
20

Kenos, Szeklerland

Alsósófalva, Szeklerland

Romanische Kapelle,
Hofmarkt, Szeklerland

Bei St. Georgen

Wehrkirche, 15. Jh.,
St. Georgen
Rechts: Szekler Museum, 1911-12
Szekler Neumarkt

Szeklertor, Szentiván
(Szeklerland)
Links: Bauernstuben im
Szeklermuseum Szekler
Neumarkt

Szekler Neumarkt, Marktplatz
Rechts: Denkmal des
Revolutionshelden und
Kanonengießers Gábor Áron,
Szekler Neumarkt

GÁBOR ÁRON
1814-1849

A LELKET MEG NE OLTSATOK

KŐVESSÉTEK A SZERETETET
I·KORINTH:XIV·1·

Kirchburg, 15 Jh., Ilgendorf (Szeklerland)
Linke Seite oben: Reformierte Kirche, 13./14. Jh., Kassettendecke 1767, Köpec (Szeklerland); unten: Kassettenfach mit Inschrift »Folget der Liebe«, darüber Pelikan, seine Jungen mit dem eigenen Blut nährend, als Christussymbol

Ziehbrunnen in Altbrücke
(Szeklerland)

Einsames Bauernhaus bei
St. Georgen

Altes Szeklerhaus, Csernáton
(Szeklerland)

Bauernstube im Museum von
Csernáton (Szeklerland)

Wehrkirche, 14. – 16. Jh.,
Lemhény (Szeklerland)

Alte Holzhäuser in Csíkrákos

Wehrkirche, 14. – 15. Jh.,
Umbau im 18. Jh.,
Kézdiszentlélek (Szeklerland)

Holzhäuser in Eschendorf
(Szeklerland)

Katholische Kirche, 14. Jh.,
Kassettendecke 1628, Gelentz
(Szeklerland)

Reformierte Kirche, 18. Jh.,
Szacsva (Szeklerland)

Rathaus, 14. – 15. Jh.,
Wiederherstellung nach
dem Brand im 18. Jh.,
Kronstadt

Rechts: Katharinentor, 1559,
Kronstadt

Teppiche in der Schwarzen
Kirche, Kronstadt

Schwarze Kirche, 14.–15. Jh.,
Wiederherstellung nach dem
Brand im 18. Jh., Kronstadt

Kirchburg, 13. – 15. Jh.,
Honigberg

Innenansicht der Kirchburg
in Honigberg

Nächste Doppelseite links
oben: Die Törzburg,
14.–17. Jh.; unten: Flügelaltar, um 1450, Tartlau
Rechts: Kirchburg,
13. – 16. Jh., Tartlau

Seite 172: Evangelische
Pfarrkirche, 15 Jh., Mediasch
Seite 173: Hochaltar, um 1480,
evangelische Kirche, Mediasch

Kirchburg, 15. – 16. Jh.,
Birthälm
Rechts: Innenansicht der
evangelischen Kirche,
Birthälm

Landschaft bei Birthälm

Sächsisches Dorf, Katzendorf

Schloß Kokelburg, 16.–17. Jh.
Rechts: Rumänisches
Wegkreuz

INRI
SAN VASILE
MAMA LUI NANA
24 AUGUST

Schäßburg, Straße
in der Altstadt

Uhrturm, 17. Jh., Schäßburg

Kirchburg, 15. – 16. Jh.,
Schönberg

Kirchburg, Ende 13. Jh.,
neuer Chor von 1784,
Hamruden

Szeklertor am Friedhof
Rechts: Verzierungen an alten Szeklertoren

Kirchburg, 13. – 15. Jh.,
Marienthal

Sächsische Dorfstraße,
Schweischer

Straße in der Altstadt
von Hermannstadt

Hermannstadt, Markplatz

Nächste Doppelseite links:
Stadtpfarrkirche, 14. – 15. Jh.

Rechts: Kreuzigungsfresko
von Johannes Rosenau, 1445

GLORIA

Palais Brukenthal, 1778-1785,
Hermannstadt

Interieur im Palais Brukenthal

1862

Links oben: Bauernstuben im Brukenthalmuseum – rumänische Bauernstube; unten: sächsische Stube
Rechts: Sächsische Möbel im Brukenthalmuseum

Straßenansicht in Großau

Straße in Heltau, im Hintergrund Kirchburg, 15. Jh.

Nächste Doppelseite: Evangelische Pfarrkirche, 13. – 15. Jh., Mühlbach; links: Flügelaltar, um 1524

Weißenburg, Stadttor,
1. Hälfte 18. Jh.
Rechts: Griechisch-orthodoxe
Kirche, 1921

Nächste Doppelseite links:
Portal am Dom, um 1210,
Christus zwischen Aposteln
Rechts: Dom, gegründet 1009

Eisenmarkt, Schloß Vajdahunyad,
15. – 17. Jh.
Rechts: Treppenaufgang
und Rittersaal

Ungarische Trachten aus der Gegend von Kalotaszeg
Links: Griechisch-orthodoxe Kirche, 13. Jh., Demsdorf

Wegkreuz